Francesco

나의 인생

LIFE: La mia storia nella Storia

프란치스코 교황 최초 공식 자서전

나의 인생

사는 법을 배우려면 사랑하는 법을 배워야 합니다

윌북

일러두기

· 외국의 인명과 지명 등은 국립국어원 외래어표기법을 따랐으나, 관용으로 굳어
  진 것은 널리 쓰이는 표현을 존중했다.

· ✖는 프란치스코 교황의 글이다. ◈는 당시 배경 설명을 돕기 위한 글로, 파비
  오 마르케세 라고나가 작성했다.

· 옮긴이 주는 괄호 안에 넣고 '—옮긴이'로 표시했다.

차 례

위로와 새로운 힘을 주는 책

교황청 성직자부 장관

_____

유흥식 라자로 추기경

한 사람의 삶은 항상 그 시대의 역사와 관련이 있습니다. 프란치스코 교황만큼 그러한 유대감을 깊이 구현한 현대 인물은 드물 것입니다. 자서전 『나의 인생』에서 교황님께서는 세상과 교회에 영향을 미친 역사적 사건들과 얽힌 자기 삶에 대해, 친밀하고 진솔한 이야기를 들려주십니다. 이 자서전은 단순히 교황의 초상이 아니라, 항상 열린 마음과 정신으로 복음을 따르고, 시대의 징후에 주의를 기울이며 다른 이들을 섬기고자 낮은 자세로 헌신적으로 노력해온 한 목자의 증거입니다.

저는 한국 독자들을 위해 이 책의 서문을 써달라는 제안을 기쁘고 고마운 마음으로 받아들였습니다. 프란치스코 교황의 삶이 담긴 이 책을 통해, 교황과 한국 백성의 마음이

통할 것이라고 확신하기 때문입니다. 특별히 평화와 미래에 대한 젊은이들의 열망, 다른 국가와 인류 가족 전체를 위한 열린 대화, 정의·복지·번영의 측면에서 우리나라가 기여할 수 있는 바에 대해 늘 생각하고 있습니다.

이 자서전은 교황의 (그 당시를 떠올리는) 목소리와 말씀을 한국인의 영성과 깊은 감수성을 하나로 묶어 서로 다른 문화와 전통을 잇는 가교 역할을 하고 있습니다. 한국은 신앙을 용감하게 받아들이고, 순교를 통해 신앙을 증거한 비옥한 땅입니다. 한국 천주교는 외국 선교사에 의해 전래된 것이 아니라, 18세기 학자들이 서적을 통해 그리스도교 신앙을 발견하고, 복음적인 삶을 살면서 뿌리를 내렸습니다. 이러한 연구와 헌신의 정신은 생명을 바쳐 신앙을 증거한 수많은 순교자의 희생 위에 살아 있는 교회의 탄생으로 이어졌습니다.

제가 사랑하는 한반도는 고통스러운 분열과 깊은 갈등으로 고통을 겪고 있지만, 희망을 잃지 않는 흔들림 없는 신앙도 있습니다. 저는 신앙을 선포하다 25세의 나이에 처형된 한국인 최초의 사제 성 김대건 안드레아 신부님을 떠올립니다. 김대건 신부님께서 구현하신 사랑은 단순한 이상이 아니라 목숨을 걸고 그리스도를 따르겠다는 일상적인 헌신과 급진적인 선택이었습니다. 젊은 김대건은 이 사랑이 사람들의 마음을 변화시키고 사회와 관습, 문화를 변화시켜

더불어 평등하게 살 수 있게 되리라는 것을 보았습니다.

오늘날 한국은 전통과 근대가 조화롭게 공존하는 나라입니다. 한국인의 삶에는 여전히 진리, 정의, 평화를 추구하는 것이 중요한 가치로 남아 있습니다. 프란치스코 교황께서는 한국 신자들의 신앙과 한반도 화해와 평화를 위한 헌신에 깊은 애정과 존경을 표명하고 계십니다. 교황께서는 2014년 우리나라를 방문하셨을 때 이 땅의 '위대한 영적 유산'에 찬사를 보내며 더 나은 미래를 위한 도구로 **기억과 용서**의 중요성을 강조하신 바 있습니다.

프란치스코 교황께서 우리 한국인들에 대한 존경과 애정을 보여주시고, 부족함이 많은 저에게 전 세계 가톨릭교회의 사제, 부제, 신학생을 위해 봉사하도록 특별한 임무를 주셨음에 깊이 감사드립니다. 교황님과 모든 대륙에서 온 수많은 형제자매와 함께 교회와 인류를 섬길 수 있음은 매우 특별한 은총입니다. 저는 모든 이를 사랑하고 섬기는 평범하고 좋은 할아버지이신 교황님 곁에서 매일 많은 것을 배우고 있습니다.

교황님의 이야기는 분열과 세계적 도전에 직면한 세상에 평화의 장인이 되고, 가난하고 소외된 사람들을 받아들이는 것을 두려워하지 말고, 가장 어려운 상황에서도 희망을 키우라고 촉구합니다. 이 이야기는 모든 신자와 선한 이들의 이야기와 얽혀 있으며 우리의 삶이 정의, 연민, 형제애의 미래를 향해 나아가는 인류의 위대한 이야기의 일부임을 일깨워줍니다.

　한국 독자들이 이 책을 통해 위로와 새로운 내면의 힘을 얻기를 바랍니다. 독자들이 지닌 영적 전통의 지혜가 복음의 보편적 메시지와 만나 대화, 사랑, 희망의 새로운 길을 열어주기를 바랍니다.

2025년 2월 12일 바티칸에서

유흥식 라자로

한국어판 서문

친애하는 한국 독자 여러분

　프란치스코 교황님의 자서전 『나의 인생』이 사랑하는 한국에서도 출간되어, 마침내 이 책을 여러분께 소개할 수 있게 되었습니다. 지난 세기 전 인류를 뒤흔들었고, 때로는 충격을 주기도 했던 거대한 사건들과 얽힌 교황님의 인생 이야기를 담은 이 책을 한국 독자들과 나눌 수 있게 되어 정말 기쁩니다.

　이 귀중한 책을 쓰면서, 저는 여러 번 제 마음이 진실로 압도당하는 느낌을 받았습니다. 프란치스코 교황님은 어린 시절부터 현재에 이르기까지 자신의 인생 이야기를 차분히 설명하며 당신의 아름다운 여정에 우리를 초대하십니다. 교황님의 삶의 중심에는 항상 주님이 계셨습니다. 교황님께서 어렸을 때, 할머니에게 배운 신앙은 충만하고 평온하게 하루하루를 살게 해주는 인생의 닻이었습니다.

　또한 교황님의 삶에서 중심이 되었던 것은 가장 불행

하고 가난한 사람들에 대한 관심과 돌봄이었습니다. 아르헨티나에서 사제, 주교, 대주교, 추기경으로 봉사하면서 호르헤 마리오 베르골료는 항상 가난한 사람들을 중심에 두었고, 불행한 사람들의 손을 잡았습니다. 최후의 심판 때, 주님께서 자신의 양 떼를 만나실 것입니다. 내가 손을 잡아준 가난한 이들이 곧 하느님이라는 사실을 잊지 말아야 합니다. 예수님께서는 "내가 진실로 너희에게 말한다. 너희가 내 형제들인 이 가장 작은 이들 가운데 한 사람에게 해준 것이 바로 나에게 해준 것이다"(마태 25,40)라고 말씀하셨습니다. 교황님은 이렇게 질문해야 한다고 말씀하십니다. "우리는 정말로 병든 사람, 가난한 사람, 고통받는 사람, 감옥에 갇힌 죄인, 정의에 굶주리고 목마른 사람의 모습으로 현존하시는 예수님께 다가서고 있는가?"

이 책에서 프란치스코 교황이 이주민, 가난한 사람, 버림받은 사람 들에게 그토록 관심을 기울이시는 이유에 대한 답을 찾을 수 있을 것입니다. 왜 그럴까요? 그들이 곧 복음의 깃발이기 때문이지요. 그리고 교황님 자신이 이주민 가정에서 태어나 부에노스아이레스의 가난한 동네에서 가난한 이웃들과 함께 살았기 때문입니다. 교황님은 이주민이 된다는 것, 가난하다는 것이 어떤 의미인지 잘 알고 계십니다. 이 책에는 교황님의 그런 진심이 담겨 있습니다.

프란치스코 교황님의 말처럼 이 책은 "젊은 세대가 노

인의 목소리에 귀 기울여 과거의 실수를 다시 반복하지 않
도록" 지구상에서 벌어진 지난 일들을 숙고할 빛을 비춰줍
니다. 한국은 노인의 지혜와 역할을 존중하는 문화를 간직
하고 있습니다. 교황님께서 2014년 한국을 방문하셨을 때
청와대 충무실에서 하신 연설에서 "지혜롭고 위대한 민족
은 선조들의 전통을 소중하게 여길 뿐만 아니라 그들의 젊
은이들을 귀하게 여깁니다. 젊은이들은 과거의 전통과 유산
을 물려받아 현재의 도전들에 적용할 사람들이기 때문입니
다"라고 말씀하셨습니다.

『나의 인생』이 들려주는 '노인이지만 젊은 마음을 지
닌' 교황님의 목소리를 듣는 것은 우리 모두에게 특별한 기
회이며, 특히 기억의 중요성을 아는 젊은 세대에게 더없이
좋은 기회가 될 것입니다.

이 책에도 실려 있지만, 제2차 세계대전이 끝났다는 사
실을 알게 된 꼬마 호르헤의 일화에서 저는 깊은 감명을 받
았습니다. 호르헤는 어머니와 이웃의 눈물을 통해 그 사실
을 알게 되었습니다. 비록 전쟁터에서 멀리 떨어진 남미에
살았지만, 호르헤의 어머니와 이웃은 죽음과 절망을 불러온
참혹한 전쟁이 끝났다는 사실에 기쁨의 눈물을 흘렸습니다.
'평화에 대한 사랑'은 교황님께서 어린 시절부터 배운 위대
한 교훈 중 하나입니다. '산발적으로 벌어지는 제3차 세계
대전'을 겪고 있는 오늘날, 프란치스코 교황은 수많은 어린

이의 웃음을 앗아간 원자폭탄의 악몽을 되풀이하지 않기 위해 과거를 기억하고 가르치고 있습니다.

저는 이 책을 쓰고 읽으며 울기도 하고 웃기도 했습니다. 진정한 힘은 타인을 위해 봉사하는 데 있으며, 진정한 위인은 가장 작은 이들과 함께하는 사람이라는 인생의 교훈을 얻었습니다. 프란치스코 교황은 매일 말과 행동으로 우리에게 이 교훈을 가르치고 있습니다.

여러분도 교황님의 이야기를 기쁘게 읽으시기를 바랍니다!

2025년 2월
파비오 마르케세 라고나

들어가며

과거의 실수를 되풀이하지 않도록 역사에서, 특히 역사의
검은 페이지에서 배워야 합니다.

프란치스코 교황이 최근 거듭 강조한 것이 있습니다.
바로 '기억'입니다. 기억이야말로 자신의 인생에 가장 중요
한 틀을 제공하기에 그만큼 가치가 큽니다. 물론, 우리는 책
을 통해 역사를 공부합니다. 하지만 자신이 직접 겪은 일을
전해주는 생생한 목소리에서도 역사를 배웁니다. 오랜 삶을
살아온 노인의 목소리에서, 인생에서 마주한 여러 사건을
통해 주님을 만난 뒤 자신의 경험을 증언하는 이들의 목소
리에서 역사를 배웁니다.

「탈출기」 10장 2절에서 하느님은 파라오 앞에서 여러
이적을 행하라고 모세를 초대합니다. "내가 이집트인들을
어떻게 다루었는지 그리고 내가 그들에게 어떤 표징들을
이루었는지 네가 너의 아들과 너의 손자에게 들려줄 수 있

도록 하려는 것이며, 내가 주님임을 너희가 알게 하려는 것이다." 하느님이 이적을 일으키신 목적은 파라오를 소스라치게 하여 그가 주님의 말을 듣도록 설득하려는 것이었습니다. 하지만 이적에는 또 다른 목적도 있었습니다. 이 일을 백성의 기억에 남겨 다른 이들에게 전하게 하려는 것입니다. 믿는 이들은 다른 이들에게 자신의 삶을 이야기하며 하느님에 대한 지식을 전합니다.

이야기하는 이는 이렇게 지식에 굶주린 이에게 봉사합니다. 특히 앞으로 어떤 삶의 여정이 펼쳐질지 모르는 젊은 이들에게 훌륭한 안내자 역할을 합니다. 과거에 벌어진 일들을 이야기함으로써 앞으로 일어날 일을 더 잘 이해할 수 있도록 도와줍니다.

프란치스코 교황이 2020년 홍보 주일 담화에서 인간을 '이야기하는 존재'라고 밝힌 것도 우연은 아니었습니다.

우리는 어린 시절부터 음식을 갈망하듯 이야기를 갈망합니다. 의식하지 못하더라도 동화, 소설, 영화, 노래, 뉴스 등 어떤 형태로든 이야기는 우리 삶에 영향을 미칩니다.

이 책은 역사를 관통하며 펼쳐지는 한 사람의 인생 이야기를 들려줍니다. 프란치스코 교황이라는 특별한 증인의 목소리를 통해 20세기와 21세기에 일어난 중요한 사건들을 이야기하는 것입니다. 프란치스코 교황은 인류에 큰 영향을 미친 여러 사건을 통해 자신의 삶을 되짚어보는 작업을 기꺼이 수락했습니다.

이 책 『나의 인생』은 교황님과 나눈 대화를 정리한 것입니다. 저를 신뢰해주신 교황님께 감사드립니다. 교황님은 마음과 기억의 문을 열어 신앙, 가족, 가난, 종교 간 대화, 스포츠, 과학적 진보, 평화, 그리고 다른 많은 주제에 관해 강력한 메시지를 던져주셨습니다. 1939년 제2차 세계대전이 발발할 때, 곧 미래에 교황이 될 아이가 세 살이었을 때부터 오늘에 이르기까지 호르헤 마리오 베르골료는 독자들의 손을 잡고 수십 년을 거치는 탁월한 여정을 떠납니다. 자신이 기억하는 사건들을 통해 우리 시대의 가장 중요한 순간들을 되돌아볼 것입니다. 1969년 온 세계가 달 착륙을 지켜보던 역사적 순간 젊은 호르헤는 어디에 있었을까요? 2001년 미국 9·11 테러 사건이 발생했을 때 베르골료 추기경은 무엇을 하고 있었을까요? 이 책은 가증스러운 나치의 유대인 학살, 히로시마와 나가사키 원폭 투하, 비델라의 군사 쿠데타, 베를린장벽 붕괴, 경제 대침체, 교황 베네딕토 16세의 사임 등 굵직한 사건들에 대한 한 목자의 회고록입니다. 파파 카예헤로papa callejero, 곧 '거리의 교황'으로 알려진 프란치스코 교황의 삶과 얽혀 있는 사건들이 펼쳐집니다. 그는 기억이라는 보물 상자를 열어 특유의 솔직함으로 세상과 자신의 삶마저 바꾸어버린 순간들에 대한 이야기보따리를 풀어놓습니다.

　이 책은 교황님이 직접 자신의 이야기를 들려주시는 목소리와 당시 상황과 배경을 설명하는 보조자로서 제 목소리가 번갈아 등장합니다. 저는 교황님의 이야기를 이해하는 데 도움이 될 만한 세부 정보들을 첨가하여 독자들을 역사적 장면으로 초대합니다.

　프란치스코 교황은 2022년 식별이라는 주제로 열린 교육 주간 담화에서 다음과 같이 말했습니다.

　삶은 우리에게 주어진 가장 소중한 책입니다. 이 책은 불행히도 많은 사람이 읽지 않거나, 너무 늦게, 곧 죽기 전에야 읽는 책이 되어버렸습니다. 그러나 우리가 다른 길에서 헛되이 찾고 있던 것, 바로 그것을 인생이라는 책에서 비로소 찾을 수 있을 것입니다. […] 우리는 자신에게 물어야 합니다. 자신의 인생에 대해 누군가에게 말한 적이 있는가? […] 인생 이야기를 들려주는 것은 가장 아름답고 친밀한 소통 방식 가운데 하나입니다. 인생 이야기는 지금까지 찾지 못했던 작고 난순한 것을 발견하게 해줍니다. 복음이 말하는 것처럼 바로 그 작은 것에서 위대한 것들이 탄생합니다.

　프란치스코 교황은 자신의 인생이라는 소중한 책 페이

지를 넘기며 기쁨과 슬픔 등 수많은 감정으로 이루어진 길로 우리를 인도합니다. 과거의 시간으로 우리를 인도하여 각자가 자신의 현재를 더 잘 깨닫도록 이끌어줍니다. 우리에게는 마지막 장까지 써 내려가야 할 이야기가 아직 남아 있습니다.

파비오 마르케세 라고나

I.

제2차
세계대전의 시작

여느 아침과 다름없이 라디오에서는 연신 뉴스 속보가 쏟아졌다. 마리오 베르골료는 평소처럼 일터에 가기 전 라디오를 들으며 커피를 마셨다. 방금 청소를 마친 아내 레지나가 바닥의 물기가 말라가는 걸 보며 옆에서 막간의 고요를 즐기고 있었다. 모락모락 김이 나는 커피의 진한 향이 고향 이탈리아에 대한 향수를 불러일으켜서인지, 마리오는 포르타코마로에서 보내던 어린 시절을 떠올렸다. 마치 마르셀 프루스트의 소설에서 마들렌을 홍차에 적셔 먹다가 어린 시절을 회상하게 된 장면 같았다. 하지만 조용함도 잠시, 둘째 오스카르의 울음소리가 향수에 잠겨 있던 마리오와 온 동네의 평화를 깨트렸다.

아침 7시 라디오 방송은 주로 정치 뉴스로 채워졌다. 그날은 로베르토 오르티스 대통령이 반反아르헨티나 운동 조사 특별위원회에 관한 새로운 성명을 발표했다. 그즈음 국가가 나치화되는 것을 막으려고 반아르헨티나 운동이 출범 준비 중이었고, 노동계에서는 노동자 총연맹이 조직한 새로운 운동도 일어나고 있었다. 1939년 9월 아르헨티나 주요 도시들은 서로 엇갈리는 이런저런 의견들로 소란스러웠다. 제3제국(1934~1945년 히틀러가 권력을 장악한 시기의 독일제국—옮긴이)이 사회 곳곳에 침투해 있었고, 히틀러가 이끄는 위대한 독일을 찬양하는 방송이 나오기도 했다.

마리오와 레지나의 집은 플로레스 지역 멤브리야르 거리 531번지에 있었다. 마리오는 집을 나서며 20개월짜리 작은아들을 안고 달래는 레지나와 포옹하고 인사를 나눴다. 막 세 살이 된 큰아들도 집을 나설 채비를 하고 있었다. 조금 있으면 근처에 사는 로사 할머니가 와서 아이를 데려가 낮 동안 돌보아줄 터였다. 매일 반복되는 일상이자 전통이었다. 로사 할머니가 큰아이를 돌봐주는 덕에 레지나는 오스카르를 돌보는 데 전념할 수 있었다.

마리오가 아이들에게 입맞춤하고 문을 나서려는 순간, 부부의 귀에 충격적인 뉴스가 들려왔다. 영국 총리 네빌 체임벌린이 나치 독일과의 전쟁을 공표했다는 소식이었다. 독일군의 폴란드 침공에 대해 영국 총리가 몇 시간 전 독일에

최후통첩을 발표했는데, 독일이 답하지 않았다는 것이었다.

　이렇게 제2차 세계대전이 공식적으로 시작되었다. 무슨 일이 일어난 건지, 모든 사람이 빠르게 상황을 파악할 수 있었던 건 아니다. 남미에서는 특히 더 그랬다. 아르헨티나에서는 개전 소식이 뉴스가 끝날 무렵, 음악 휴식 시간 직전에 단신처럼 전해졌다. 그러나 이탈리아계 이민자인 마리오와 레지나에게는 큰 충격이었다. 유럽에 사는 친지들의 얼굴이 떠올랐다. 수없이 들어왔던 앞선 세계대전의 끔찍한 이야기와 최전선에서 싸웠던 마리오의 아버지 조반니도 떠올랐다. 그 순간 로사 할머니가 힘차게 문 두드리는 소리가 들려왔다. 갑작스러운 소리에 아기 오스카르는 울음을 그쳤고, 호르헤는 할머니에게 달려가 안겼다.

할머니는 멋진 분이셨어요. 저는 할머니를 정말 사랑했죠! 할머니는 제 성장에 가장 큰 영향을 미친 어른이셨습니다. 할머니는 저희 집에서 50미터도 떨어지지 않은 곳에 사셨고 저는 온종일 할머니와 함께 지냈어요. 할머니는 제가 마음껏 뛰어놀게 해주셨고, 젊을 때 부르던 노래들을 불러주셨어요. 가끔 할머니와 할아버지는 피에몬테어로 다투

셨는데, 그래서 저는 할아버지와 할머니가 쓰던 언어를 배우는 특권을 누렸죠. 할머니는 외출할 때도 저를 데리고 다니셨어요. 이웃집에서 마테차를 마시며 긴 대화를 나누고, 이런저런 물건을 사러 동네를 돌아다니곤 하셨죠. 그러다 저녁이 되면 다시 부모님 집에 데려다주셨는데, 가기 전에는 항상 기도했던 게 기억나요. 저를 처음 주님께 이끌어주신 분은 할머니셨어요. 기도하는 법을 가르쳐주시고, 처음으로 예수님에 대해 이야기해주셨죠.

로사 할머니가 외할아버지인 프란치스코 할아버지와 함께 제 세례 대모가 되주신 것도 우연이 아니죠. 첫영성체를 집전해주신 분은 엔리코 포촐리 신부님이셨어요. 포촐리 신부님은 살레시오회 선교사로 롬바르디아 로디 지방 출신이셨는데, 조반니 할아버지는 엔리코 신부님을 토리노에서부터 알고 계셨대요. 포촐리 신부님은 부모님의 결혼을 주례해주시기도 했어요. 아버지와 어머니가 살레시오회 오라토리오(살레시오회의 오라토리오는 열악한 지역의 청소년들이 모여서 함께 운동하고 공부하는 일종의 공부방 같은 센터다.—옮긴이)에서 만나 결혼한 이후로 포촐리 신부님은 내내 저희 가족과 제 사제 성소에 정말 중요한 분이셨어요.

할머니와 함께했던 어린 시절 이야기로 돌아가면, 막 세 살이 되었을 때니 정말 어렸죠. 그래서 인간의 사악함이 제2차 세계대전을 촉발한 1939년 당시를 기억해내기는 쉽지 않아요. 스쳐 지나가는 기억은 있지만요. 저희 집에는 라디오가 배경음악처럼 늘 틀어져 있었어요. 아버지는 아침만 되면 라디오를 켜고 LRA1이라는 국영 라디오 채널을 들으셨어요. 그러고 나서는 라디오 벨그라노, 라디오 리바다비아도 들었는데, 모든 라디오가 매일같이 전쟁 소식을 전했죠.

어머니는 토요일 오후 2시면 오페라 방송을 트셨는데, 오페라가 시작되기 전에 줄거리를 설명해주셨던 기억이 나요. 아름다운 아리아가 나오거나, 이야기의 하이라이트 부분이 나오면 집중해서 들으라고 알려주셨어요. 우리 형제가 꽤 산만했단 건 인정해야겠네요. 너무 어렸거든요. 그래도 어머니 말씀을 따라 오페라를 감상하곤 했어요. 한번은 베르디의 〈오텔로〉를 듣던 중에 어머니가 말씀하셨어요. "잘 들어봐! 지금 침대에서 데스데모나를 죽이고 있어." 우린 입을 다물고 무슨 일이 일어나는지 귀를 기울였죠.

전쟁 이야기로 돌아오자면, 당시에는 전쟁으로 인한 침울한 분위기를 그다지 느끼지 못했어요. 인류의 운명이 걸려 있던 곳에서 너무 멀리 떨어져 있었거든요. 그래도 다른 아르헨티나 사람들보다는 전쟁에 대해 잘 알고 있었다고 생각합니다. 우리 집에서는 전쟁에 대해 자주 이야기하곤 했거든요. 이탈리아에 있는 친척들이 편지로 유럽에서 벌어지는 전쟁 소식을 전해주었고요. 하지만 친척들이 보낸 '공개' 편지는 한 달도 더 지나 도착하곤 했어요. '공개'라는 건 군 당국이 검열했다는 뜻입니다. 군 당국은 편지를 뜯어서 읽은 후 검열 도장을 찍어서 보냈어요.

어른들이 편지를 큰 소리로 읽었던 기억이 아직도 생생합니다. 친척들이 보낸 편지 중에는 이런 내용도 있었어요. 아침마다 마을 여성들이 포르타코마로 역에서 멀지 않은 브리코 마을에 가서 순찰대가 오는지 확인하곤 했다는 거예요. 전쟁에 나가지 않고 숨어 있던 남편들에게 신호를 주기 위해서였어요. 붉은 옷을 입고 있으면 순찰대가 근처에 있으니 도망치라는 의미였고, 흰옷은 근처에 순찰대가 없으니 안심하고 일해도 된다는 의미였다고 합니다. 물론, 합법적인 일은 아니었죠.

이건 당시 삶이 어땠는지 보여주는 한 가지 예일 뿐입니다. 얼마나 많은 사람이 죽고 다쳤는지. 얼마나 많은 청년이 전쟁터로 보내져 죽음을 맞았는지. 80여 년 전에 일어난 일이지만, 수많은 가족의 삶을 완전히 뒤집어놓은 그 순간을 결코 잊어서는 안 됩니다.

전쟁은 우리 내면을 갉아먹습니다. 조그만 아이의 눈으로 전쟁을 바라본다고 생각해보세요. 아이의 마음속에 기쁨은 사라지고, 두려움과 눈물만 가득 차오를 겁니다. 어린아이들을 생각합시다. 평화의 냄새를 맡아본 적 없는 아이들, 전쟁 중에 태어나 평생 트라우마를 안고 살아가야야 하는 아이들을 생각합시다. 우리는 그들을 위해 무엇을 할 수 있을까요? 우리는 평화의 길, 이 어린아이들의 미래를 안전하게 만들어줄 길이 무엇인지 묻고 또 물어야 합니다.

제2차 세계대전이 일어났을 때 저도 조그만 아이였지만, 그래도 저는 운이 좋았습니다. 아르헨티나에서 전쟁이 벌어지지 않았기 때문이에요. 물론 몇 번의 해전이 있었습니다. 제가 조금 더 컸을 때 부모님이 말씀해주신 게 기억납니다.

제 세 번째 생일인 1939년 12월 17일에 일어난 일이었는데, 라디오에서 그라프 슈페라는 독일 군함이 라플라타강 하구 근처에서 영국 군함에 포위되어 대파됐다는 소식이 나왔어요. 전투를 계속하라는 히틀러의 명령에도 불구하고 한스 랑스도르프 사령관은 함선을 침몰시키기로 결정하고 승조원들과 함께 보트로 옮겨 탔답니다. 사실상 투항이었던 거죠. 그런데 며칠 후 사령관은 제1차 세계대전 당시 사용하던 독일 해군 깃발을 두른 채 자살했어요. 다른 사람들은 코르도바나 산타페 지방으로 보내졌고요. 이들 중에는 아르헨티나에 정착해서 결혼하고 가정을 꾸린 사람들도 있습니다. 저도 그들 중 한 명의 아들을 만난 적이 있었어요. 아주 훌륭한 사람이었습니다.

저는 이런 식으로 제2차 세계대전의 비극을 알게 되

었는데, 시간이 조금 더 흘러 열 살쯤 되었을 때는 영화를 통해 그 비극을 좀 더 자세히 알게 되었습니다. 부모님이 동네 영화관에 데려가주셨거든요. 저는 볼 수 있는 모든 영화를 섭렵했어요. 특히 안나 마냐니와 알도 파브리치가 출연한 로베르토 로셀리니의 〈무방비 도시〉가 기억에 남습니다. 〈전화의 저편〉, 〈독일영년〉, 비토리오 데 시카의 〈아이들이 우리를 보고 있다〉도 기억에 남고요. 우리네 양심을 일깨워주고 전쟁의 파괴적 영향을 이해하는 데 도움을 주는 영화들이었습니다.

페데리코 펠리니의 〈길〉은 뭔가 좀 달랐어요. 제가 가장 좋아한 영화일 거예요. 나이가 들어서 이 영화를 다시 볼 기회가 있었습니다. 전쟁과는 관련 없는 영화지만, 여기서 이 영화를 언급하고 싶네요. 이 영화는 젤소미나 같은 주변부 인물들을 조명하거든요. 그렇게 해서 우리 현실에 대한 소중한 통찰력을 제공합니다.

파괴 말고는 아무것도 남기지 않는 전쟁 이야기로 돌아가봅시다. 야망, 권력에 대한 굶주림, 갈등을 유발하는 인간의 탐욕이 떠오릅니다. 그 뒤에는 이데올로기에 기반한 잘못된 정당화만 있는 게 아닙니다. 왜곡된 충동이 있습니다. 노인이든, 어린이든, 어머니든, 아버지든, 더는 타인의 얼굴을 바라보지 않기 때문에 생기는 충동이지요.

제2차 세계대전은 제1차 세계대전보다 잔인했습니다.

제 할아버지 조반니도 제1차 세계대전 때 피아베강에서 싸우셨기 때문에, 할아버지에게 고통스러운 전쟁 이야기를 많이 들었습니다. 수많은 사람이 죽고, 수많은 집이 파괴되고, 교회까지 파괴되는 비극이었죠! 할아버지는 전선에서 동지들과 불렀던 노래도 들려주셨습니다.

카도르나 장군이 여왕에게 편지를 보냈다네.
"트리에스테를 보고 싶으시면 엽서로 보내드리겠습니다."
펑펑펑!
대포가 발사됩니다.

나치 침략을 피해 고향을 떠나온 이민자들에게 제2차 세계대전에 대한 이야기를 들었습니다. 이 이야기는 뒤에서 다시 하겠습니다.

삶이라는 것은 길입니다.
혼자서는 갈 수 없는 길입니다.

II.

유대인
학살

"어떻게 그런 짓을… 사람도 아니야!" 레지나가 야채수프 접시를 거칠게 치우며 벌떡 일어났다. 시어머니가 방금 전에 전해준 말을 되뇌며 남은 야채수프가 담긴 냄비를 싱크대에 쾅 내려놓자 국물이 여기저기 튀었다. 레지나는 욕을 멈출 수 없었다. "괴물 같은 놈!"

막내 마르타가 그 소리에 놀라 울음을 터트렸다. 밥을 먹다가 숟가락으로 식탁 결투를 벌이던 호르헤와 오스카르도 멈칫하며 눈치를 살폈다. 마리오는 일어나 마르타를 안아주었다. 마리오는 아내가 그토록 분노하는 것을 처음 보았다. 예전에 마르타가 탈이 났을 때 조금 분개하기는 했지만, 레지나가 가족에게 직접적인 영향을 끼치지 않는 소식을 듣고 화내는 일은 좀처럼 없었다.

1941년 12월 그 따뜻했던 저녁, 베르골료 집안의 분위기는 좋지 않았다. 분노로 가득한 몇 분이 지나자 갑자기 침묵이 흘렀다. 이제 싱크대에 흐르는 물소리밖에 들리지 않았다. 흐르는 물에는 레지나의 눈물도 섞여 있었다. 집 밖에서는 길거리에서 노는 아이들의 소리와 플로레스 외곽에서 근무하는 야간 근무자들을 일터로 데려다주는 낡은 트럭이 내는 소리가 들려왔다.

레지나를 분노하게 한 것은 시어머니 로사가 전해준 소식이었다. 그날 오후, 토리노에서 아르헨티나로 이민 온 오랜 친구 마르게리타 무소 네로 여사(다들 그렇게 불렀다)가 로사 할머니를 방문해 이탈리아의 최신 소식을 들려주었다. 1938년 인종법이 제정된 후(1935년 나치 독일이 뉘른베르크 인종법을 선포하여 유대인의 경제 활동을 금지했는데, 1938년 무솔리니의 파시스트 정부도 인종법을 공포한다. 홀로코스트로 이어지는 반유대주의 정책의 시작이었다.—옮긴이) 많은 이가 해외로 떠났지만, 여전히 친척들 대부분이 조만간 괜찮아지리라는 희망으로 이탈리아에 남았다고 했다. 가장 최근 편지에 따르면 다른 나라에서는 이미 유대인 박해가 일어나고 있으며, 나치가 점령한 대도시마다 게토가 건설되고 수천 명이 사망했다고 했다. 많은 이가 멀리 떨어진 노동 수용소에 끌려갔다. 훗날 '최종 해결책'이라는 이름으로 알려지게 될 일이 진행되고 있었다.

최종 해결책이란 가스실을 이용해 마을 전체를 몰살하거나 강제수용소로 유대인들을 강제 이주시키는 것이었다. 실제로 아우슈비츠는 1940년 이미 운영되고 있었고, 1941년 10월에는 제2 아우슈비츠–비르케나우가 운영을 시작했다.

로사 할머니는 친구의 이야기에 깜짝 놀랐다. 짐승이나 실어 나르는 짐칸에 실려, 들어보지도 못한 먼 곳으로 보내지는 유대인들에 관한 이야기였다. 수백 명의 사람이 여행 가방과 과거를 안고 기차 짐칸에 실렸다. 어머니와 헤어진 아이, 이웃과 함께 숨어 지내게 된 아이, 반려자와 헤어진 남자, 더 빨리 걸으라는 질책 속에 구타를 당하는 노인들이 섞여 있었다.

무소 네로 여사가 떠나고 호르헤를 집으로 데려다주는 길에 로사는 친구에게 들은 이야기를 아들과 며느리에게 작은 목소리로 전해주었다. 손주들이 슬픈 이야기를 듣지 않기를 바라는 마음에 평소보다 크게 높인 라디오 볼륨 때문에 야채수프가 놓인 저녁 식사 자리에는 갑자기 탱고 선율이 흘러들게 되었다. 라디오 엘 문도 채널에서 '탱고의 성자' 오스발도 푸글리에세의 〈레쿠에도(기억)〉를 틀어주고 있었다.

다섯 살 꼬마 호르헤가 좋아하던 이 음악은 할머니의 드라마틱한 이야기를 더 드라마틱하게 만들어주는 배경음

35

악이 되었다. 어머니의 이야기를 듣자 유대인 친구들이 생
각난 마리오가 짧은 말을 툭 내뱉었다. "괴물!"

�֎

당시 집에서 "히틀러는 괴물이야"라는 말을 자주 들었어
요. 저녁이나 점심을 먹다가도, 삼촌이나 사촌이 집에 들
렀을 때도 그런 말이 나왔어요. 부모님 두 분 모두 유럽에
서 벌어지는 일에 무관심하지 않았고, 두 분끼리 이야기하
실 때든 할머니와 이야기하실 때든 그 사람에 대해 자주
언급했지요. 저는 너무 어려서 무슨 일인지 이해하지 못했
어요. 그러다 조금 더 나이가 들었을 때 그 괴물이라는 게
누구인지 알게 되었죠.

　당시 아버지는 염색 일을 했는데, 함께 일하던 사람
과 고객 중에 유대인도 많았고, 그들과 가까운 친구 사이
가 되기도 하셨어요. 유대인 공동체에서 실과 양말을 만들
고, 아버지 공장에 염색할 천을 보내주곤 했지요. 가끔씩
온 가족을 데리고 저희 집에 놀러 오기도 했고요. 그때마
다 당연히 유대인 박해가 대화 주제로 나왔어요. 그분들의
친척들도 유럽에 살고 있었기 때문이죠. 불행히도 친척들
일부는 끌려가서 다시는 소식을 듣지 못한다고 그랬어요.

할머니의 오랜 친구이신 마르게리타 무소 네로 부인은 할머니보다 열 살 이상 아래인데 소박하고 착한 분이었어요. 할머니를 자주 찾아와 친척들이 겪는 일을 이야기해주곤 했지요.

그때마다 어른들은 아이들에게 다른 데 가 있으라고 했어요. 어린아이가 듣기엔 충격적인 이야기였으니까요. 하지만 어른들이 나누는 말 가운데 몇 마디 정도는 들을 수 있었죠. 할머니가 히틀러에 대해 얼마나 많은 이야기를 했는지!

할머니는 우리 동네에도 히틀러 지지자가 있다고 말씀하곤 하셨어요. 당시 아르헨티나에는 소수이기는 하지만 반유대주의자들이 있었어요. 물론 전부가 그랬던 건 아니지만 일부, 특히 민족주의에 빠진 사람들이 제3제국의 이상을 옹호했죠. 우리 지역에도 유대인에게 적대적인 분위기가 있었고 그건 항상 제게 상처였어요.

저는 그런 사람들과 전체주의 정권의 잔인함을 용서해달라고 자주 기도했어요. 2016년 폴란드 아우슈비츠-비르케나우 수용소를 방문했을 때도 방명록에 그렇게 썼고요. 당시 저는 침묵의 순례자로 아무런 연설도 하지 않았습니다. 그 엄청난 비극 앞에서는 어떤 말도 할 수 없었으니까요. 수감자들의 머리를 총으로 쏘아 처형했던 그 벽 앞에서 저는 희생자들의 영혼을 위해, 믿음 안에서 우리보다 앞서 걸었던 유대인 형제자매들을 위해, 인간의 어리석음으로 잔혹한 고통을 겪은 모든 공동체를 위해 기도하고 싶었습니다.

기아 감옥도 방문했어요. 프란치스코회 수사였던 성 막시밀리아노 마리아 콜베 신부님이 수감되셨던 곳이죠. 콜베 신부님은 어느 가장의 목숨을 대신해 자기 목숨을 바치셨습니다. 항상 저를 괴롭힌 것은 그들이 아무런 죄도 없이 속임수에 넘어가 수용소로 보내졌다는 것이었어요. 그들은 강제 노동을 할 거라고 생각했어요. 그렇게 짧은 시간 안에 살해당하리라는 것은 몰랐죠. 강제수용소 방문 당시에는 아무 말도 할 수 없었지만, 지금은 말할 수 있습니다. 그곳에는 여전히 죽음과 잔인함의 공기가 가득 차 있었어요. 그게 무척 인상 깊게 남아 있어요.

나치가 유대인을 몰살하기로 결정한 1940년대로 돌아가봅시다. 로사 할머니는 무소 네로 부인의 이야기 덕분에 당대의 비극을 자세히 알고 계셨어요. 할머니는 그 비극을 차근차근 설명해주셨지요. 사실 대여섯 살짜리 어린이가 그런 이야기를 듣고 인간이 그렇게까지 할 수 있다는 사실을 곧바로 이해하거나, 그로 인해 앞으로 무슨 일이 일어날지 상상할 수 있었던 건 아닙니다.

학교 선생님과 가족이 들려준 이야기, 제 나름대로의 역사 공부, 무엇보다 수용소에서 살아 돌아온 생존자들의

이야기 덕분에 그 비극에 대해 차츰 알게 되었어요. 생존
자들은 자신들이 죽음의 수용소에서 경험한 바를 전해주
었어요. 그곳은 인간의 존엄성이 완전히 짓밟히는 곳이었
지요.

특히 랍비 아브라함 스코르카를 통해 많은 이야기들
을 듣게 되었습니다. 여기서는 그 가운데 두 가지 이야기
를 소개하겠습니다.

첫 번째는 벨라루스 빨치산의 딸인 리디아 막시모비
치의 이야기입니다. 저는 리디아를 바티칸에서 만난 적이
있어요. 그가 나치에 강제로 끌려가 낙인이 찍혔을 때 겨
우 세 살이었다고 합니다. 부모님은 유대인이 아니었지만,
공개적으로 유대인 편을 들었다는 이유로 정치범으로 수
감되었어요. 리디아는 1943년 제2 아우슈비츠-비르케나
우 수용소에 수감되어 어머니와 분리당했는데, 다른 아이
들과 함께 멩겔레 박사의 실험 대상이 되었어요. 멩겔레
박사는 너무나도 끔찍한 일을 저질렀어요. 아이들에게 약
물과 독극물을 주입하면서 실험용 쥐처럼 썼어요. 불쌍한
아이들! 일반 알현(바티칸에서 교황이 대중과 만나는 것을 'udienza'라
고 한다. 이를 우리말로 알현이라고 한다.—옮긴이)이 끝난 뒤에도 우리
는 몇 분 동안 자리를 떠나지 못했습니다. 저는 다른 어떤
말도 할 수 없었어요. 리디아의 증언에 감사했을 뿐입니
다. 갑자기 감정이 북받쳐, 세 살 리디아의 팔에 새겼던 그

번호로 된 문신에 입을 맞추었어요.

두 번째는 또 다른 생존자인 헝가리계 유대인 에디트 브루크의 이야기입니다. 에디트가 들려준 이야기와 그가 보인 강인함은 큰 감동을 주었습니다. 그는 수용소의 어둠 속에서 작은 빛 하나를 찾았어요. 다하우의 어느 나치 요리사가 에디트를 보고는 이름을 묻더랍니다. "나도 너 같은 딸이 있단다." 그러고는 빗 하나를 건네주었대요. 에디트는 머리카락을 모두 밀어버린 상태였는데 말이죠. 죽음의 바다 한가운데서 받은 희망의 표시였다고 합니다. 로마에 있는 에디트의 집을 방문했을 때 이 이야기를 듣고 저는 말했어요. "제가 그 요리사였으면 좋았을 텐데요." 하지만 저는 그러지 못했죠. 그래서 유대인들에게 벌어진 일에 대해 에디트에게 용서를 구했어요. 에디트와는 이후에도 공식적인 자리에서 여러 번 다시 만났어요. 바티칸에서 한 번 비공식적으로 만나기도 했고요. 우리는 항상 1월 27일 홀로코스트 추모일에 만났어요.

기억! 이들은 살아 있는 기억이며, 우리 모두에게 더없이 소중한 보물입니다. 수백만 명의 유대인을 학살한 사건은 결코 잊을 수 없는 일이며 반복되어선 안 됩니다. 더 이상의 대규모 학살은 없어야 해요. 더 이상의 잔인함은 없어야 합니다. 홀로코스트는 평화와 인간 존엄성이 공격받을 때, 우리가 너무 늦지 않도록, 언제나 경계를 늦춰선

안된다는 사실을 깨우쳐줍니다.

부모님이 로사 할머니와 이야기를 나누는 동안 호르헤의
주의를 끌던 탱고 음악은 7시 뉴스로 중단되었다. 아나운서
는 1941년 12월 7일 일요일 새벽 일본군이 하와이의 진주
만 기지를 공격했다고 전했다. 이 공격으로 군인을 포함해
수천 명이 사망했다. 그때까지만 해도 미국인 대다수는 제
2차 세계대전 참전에 반대 입장이었다. 하지만 일본의 진주
만 공격 이후 상황은 급변했고 루스벨트 대통령은 영국, 소
련과 함께 미국도 참전한다고 발표했다. 북미에서 들려오는
뉴스에 귀를 기울이느라 갑자기 조용해졌다. 로사는 두 손
을 깍지 낀 채 체념한 듯 고개를 절레절레 흔들었다. "아직
도 전쟁이 더 남아 있었다니….”

　저녁이 되자 로사는 서둘러 자리에서 일어났다.

　"내일 아침에 보자꾸나!" 로사가 호르헤에게 뽀뽀해주
며 말했다. 호르헤가 다니는 자비의 성모 초등학교는 수녀
들이 운영하는 학교로, 집에서 400미터 떨어진 디렉토리오
대로에 있었는데, 아침마다 할머니가 데려다주었다.

　레지나는 스토브 앞에서 요리를 마무리하는 중이었다.

마리오는 집에 가져온 일거리를 식탁에서 치우고, 아이들의 손을 씻겼다. 그러면서 유대인들의 고통에 대해 이야기를 이어갔다.

"어떻게 그렇게 할 수 있지?"

"자기가 신이라고 생각하나 봐."

레지나가 냄비를 식탁으로 가져오며 몹시 화가 난 얼굴로 말했다.

"불쌍한 사람들! 기차로 끌려갈 때 얼마나 무서웠을까? 특히 아이들은 어땠겠어?"

"아빠, 기차 타고 어디 가?" 아이들이 물었지만, 마리오는 대답할 수 없었다.

야채수프를 몇 숟가락 뜬 레지나는 식사를 잇지 못했다. 그리고 아무 이유 없이 어머니와 떨어져야 했던 유대인 아이들을 생각하며 말했다.

"히틀러는 정말 괴물이야."

✂

우리 부모님도 아이들을 키워서 그런지, 우리 또래의 아이에게 생긴 일에 매우 민감했습니다. 유대인 강제 이주 사건은 어른이나 아이 할 것 없이 벌어진 일이었기 때문에 부모님들이 훨씬 더 예민하게 반응했어요. 그리스도교를 깊이 받아들인 신앙인이었기 때문에 부모님은 그런 일을 용납할 수 없었습니다. 그래서 히틀러를 괴물로 분류했던 거죠. 실제로 그분들이 하신 말씀은 전혀 틀리지 않았습니다!

저도 반유대주의나 인종차별에 대한 기사를 읽을 때마다 부모님이 느꼈던 그 감정이 되살아나는 기분이 들곤 합니다. 예를 들어, 일부 광신도들이 벌이는 폭력 행위들이 그렇습니다. 실제로 2023년 10월 중동에서 새로운 분쟁이 발발한 뒤 유대인들의 무덤이나 다윗의 별이 새겨진 집을 훼손하며 모독한 일들을 생각해보세요. 정말 수치스러운 일입니다. 젊은이들이 그런 일을 벌였다는 게 더욱 끔찍합니다. 홀로코스트를 전혀 이해하지 못하는 사람들처럼 행동한 것이니까요.

흑인들이 당하는 인종차별도 있지요. 예를 들어 미국에서는 편견 속에서 흑인 시민이 사망하는 일이 계속 일어나잖아요. 그에 대한 대규모 시위도 일어났고요. 조지 플로이드 사망 사건, 또 그와 비슷한 다른 이야기들이 큰 반향을 불러일으켰습니다. 하지만 이는 미국에만 국한된 문제가 아니에요. 인종차별은 유럽과 다른 지역에서도 벌어지고 있습니다.

인간의 존엄성이 상처받을 때마다 사회적 또는 인종

적 불의, 권력 남용에 대한 집단적 저항이 항상 일어난다는 것은 참 다행스러운 일입니다. 그래서 저는 비폭력 시위에 참여하는 사람들을 인간의 존엄성을 지키려고 일어난 '사마리아인들'이라고 표현하고 싶습니다. 인종차별이 일종의 질병이자 바이러스라는 사실을 기억해야 합니다. 히틀러는 몇 제곱으로 심각한 병에 걸린 사람이었지요. 유대인뿐만 아니라 집시, 장애인, 동성애자, 노인, 심지어 다운증후군을 앓는 어린이들까지 몰살시키려 했으니까요. 히틀러는 그들 모두를 무자비하게 죽음으로 내몰았어요. 이 사건은 항상 제 마음을 아프게 합니다. 저는 그가 저지른 일들을 결코 받아들일 수 없습니다.

저는 반유대주의, 인종차별을 포함한 모든 차별을 결코 외면할 수 없다고, 우리는 항상 인간 생명의 신성함을 수호해야 한다고 말합니다. 오늘날에도 하느님의 이름이 증오의 광기 속에서 모독당하고 더럽혀지고 있습니다. 제2차 세계대전 당시에는 전쟁 범죄로 발생했지만, 오늘날에도 여전히 우리 주변에서 비일비재하게 볼 수 있는 일들입니다. 우크라이나나 중동에서 일어나는 일들만 보더라도 말이에요.

제 어린 시절 이야기로 돌아가 보면, 유럽에서 멀리 떨어진 곳에 살고 있던 유대인들도 많은 고통을 받았습니다. 저희 집에 놀러온 아버지 친구와 아이들의 눈에서 그

것을 볼 수 있었죠. 유대인 아이들은 항상 마음에 큰 짐을 지고 있는 듯 보였어요. 그건 저랑 놀고 있을 때도 마찬가지였어요. 유대인 아이들은 노는 동안에도 거의 웃지 않았고, 눈에는 슬픔이 가득했어요. 자기 민족과 친척들에게 일어나고 있는 일을 알고 있었던 것 같아요. 지금도 전쟁 지역에서 온 아이들을 만날 때면 같은 모습을 발견하곤 합니다. 눈에 웃음기가 하나도 없고, 항상 억지로 미소 지으려고 애쓰고 있어요.

특히 요즘같이 세계 곳곳에서 전쟁이 벌어지는 시대에는, 어린아이들의 순수함이 우리에게 정말 많은 것을 가르쳐줍니다. 이것이 바로 제가 세계 어린이날을 만든 이유이기도 합니다. 어린이들이 평화를 추구하는 일에 가장 주요한 '동맹'이 될 수 있도록 말이죠. 아이들의 단순하고 순수한 마음은 우리에게 많은 것을 알려줍니다. 아이들과 만날 때마다 제 마음도 잠시 어린 시절로 돌아가곤 합니다. 행복하고 생동감 넘치는 아이들을 보면 친구들과 함께 길거리에서 뛰어놀던 어린 시절이 다시 떠오릅니다. 물론 싸우기도 했고, 욕설도 오고가곤 했죠. 하지만 언제나 우리는 화해했습니다. 그러고 로사 할머니 집에서 간식을 나눠 먹었어요.

유대 민족에 속한다는 이유만으로 고통받고 목숨으로 대가를 치른 모든 유대인을 생각하며, 2014년 예루살렘의 홀로코스트 기념관인 야드 바셈을 방문했습니다. 그곳에서 저는 다음과 같은 질문을 던졌습니다.

당신은 도대체 누구입니까? 당신은 도대체 어떤 사람이 되어버린 겁니까? 당신은 어떻게 이토록 끔찍한 일을 저지를 수 있었습니까? 무엇이 당신을 그렇게 나락으로 떨어뜨렸나요? […] 누가 당신이 신이라 확신하게 만들었습니까? 당신은 형제를 고문하고 죽였을 뿐만 아니라 형제들을 당신을 위한 희생 제물로 삼았습니다. 당신 스스로를 신으로 만들어버렸기 때문이에요. […] 주님, 당신 자비로 저희를 기억해주소서. 인간으로서 우리가 행했던 일을 부끄러워하고, 이 지독한 우상숭배를 부끄러워하며, 당신이 진흙으로 빚어 만드신 뒤 당신 생명의 숨결로 살아 움직이게 하신 육신을 우리 스스로가 멸시하고 파괴한 것을 부끄러워할 수 있는 은총을 베푸소서. 다시는 이런 일이 일어나지 않게 도와주소서. 주님, 다시는 이런 일이 일어나지 않게 도와주소서!

우리는 지난 세기 유대인들을 상대로 자행된 잔혹한 행위를 잊지 말아야 합니다. 전쟁이 끝나고 나치 정권이 붕괴되면서 그 모든 일이 끝났다고 생각하지만, 오늘날에도 그런 인종차별과 박해는 계속되고 있습니다. 그런 행동을 하는 이는 그리스도인도 아니고 인간도 아닙니다. 차별받는 모든 이가 우리의 형제라는 것을 언제쯤 이해할 수 있을까요?

저는 자주 1940년대 제가 아르헨티나에 있는 집에서 아무런 걱정 없이 평화롭게 살고 있을 때, 수용소에서 고통받고 죽음을 맞이한 이들을 떠올리곤 합니다. 우리는 소박하게 살았지만 모든 것을 갖고 있었습니다. 우리 가족에게는 부족한 것이 없었어요. 자동차, 맞춤 양복, 휴가 같은 건 중요하지 않았습니다. 중요한 것은 우리가 행복했다는 것입니다. 나치 친위대가 우리 집 문을 두드리며 수색할지 모른다고 두려워할 필요가 없었고, 거리에 나치 순찰대도 없었으며, 머리가 밀린 채 아이들과 헤어져 수용소로 끌려간 어머니들도 없었습니다. 강제로 고된 노동에 동원되었다가 쓸모없졌다고 살해되어 화로에 던져지는 사람도 없었습니다.

왜 그들은 이 모든 고통을 겪었는데, 저는 아무런 것도 겪지 않았을까요? 저와 제 형제자매들이 행복한 어린 시절을 보내는 동안, 왜 저와 같은 아이들은 부모와 헤어져야 했을까요? 답답한 마음으로 질문을 던지지만, 저는 여전히 답을 찾을 수 없습니다.

사랑만이 악으로 야기된 공허한 공간들을
채울 수 있습니다.

III.

원자폭탄

경기장은 열광의 도가니였다. 심판이 휘슬을 울리자, 산로 렌소 데 알마그로 팬들은 아르만도 파로, 레네 폰토니, 리 날도 피오라몬테 마르티노로 이루어진 황금 트리오terceto de oro를 찬양하는 노래를 부르면서 춤추며 목청껏 환호하고 있었다. 파로의 불참에도 불구하고 산로렌소는 카바리토 지 역의 페로 카릴 오에스테를 6 대 1로 물리쳤다. 1945년 9월 2일에 있었던, 역사적인 승부였다. 아무도 산로렌소가 승리 할 거라고 기대하지 않았다. 예상을 뒤엎는 기적이었다. 그 날 관중석을 채운 산로렌소의 열성 팬 중에는 베르골료 가 족도 있었다.

폰토니를 비롯한 선수들은 승리를 축하하며 관중에게

인사하기 위해 경기장을 한 바퀴 돌고 있었다. 그날 축하할 일이 하나 더 있었다. 경기 시작 전 라디오에서 소식 하나가 전해졌다. 시게미쓰 마모루 외무상이 이끄는 일본 대표단이 일본 요코하마항에 정박한 미국 전함 미주리호에 올라 항복에 서명했다는 소식이었다. 사실상의 제2차 세계대전 종식이었다. 유럽에서는 이미 몇 달 전에 전쟁이 끝났다. 영국, 미국, 러시아 군대가 베를린으로 진격하자, 히틀러가 4월 30일 자살했던 것이다. 그리고 5월 7일 독일은 프랑스 랭스에서 연합군에 무조건 항복하는 조약에 서명했다.

그러나 1945년 9월 2일이 전 세계적으로 일어난 적대 행위가 종식된 날로 기록되었다. 이날을 기억하며 오늘날에도 미국이 히로시마와 나가사키에 두 개의 원자폭탄을 투하함으로써 발생한 희생자들을 애도한다. 원자폭탄으로 20만 명이 넘는 사망자와 15만 명이 넘는 부상자가 발생했다. 아르헨티나 사람들도 종전을 기념하면서 이 새로운 폭탄에 대해 이야기했다. 신문이나 라디오에서도, 성당이든 술집이든 이웃집에서든 모두 이 이야기를 입에 올렸다.

이제 막 아홉 살이 된 호르헤는 부모님과 담임 선생님에게서 원자폭탄 이야기를 들었다. 선생님들에 따르면 호르헤는 착한 학생이었고, 담임 선생님 에스텔라 키로가는 이 아이의 독창적인 해결 방식에 깊은 인상을 받았다고 한다. 예를 들어 사칙연산을 배울 때 다른 아이들은 손가락을 세거나 종이에 쓰곤 하는데, 호르헤는 학교 계단을 오르내리며 계산하곤 했다. 호르헤는 수학과 독서, 우표 수집, 스포츠를 좋아했다. 아버지와는 농구를 하고, 동네 친구들과는 자주 공을 차고 놀았다. 일요일에는 온 가족이 축구장에 가곤했다.

1945년 9월 2일 바로 그 일요일, 호르헤는 산로렌소 경기를 보러 축구장에 가기 전에, 로사 할머니와 함께 집에서 10분 거리에 있던 산호세 데 플로레스 대성당 미사에 참례하고 집으로 돌아와 비르시콜라 카드 게임을 했다. 배경으로는 〈레오노레〉 서곡 3번이 흐르고 있었다. 마리오는 회계장부를 정리한 뒤 베토벤의 〈피델리오〉 음반을 틀었다. 아르헨티나에서는 이탈리아 학위가 인정되지 않아 다른 동료들에 비해 급여는 적었지만, 마리오는 항상 미소를 잃지 않는 다정한 아버지였다. 아직 카드 게임 규칙이 낯선 아이들을 가르쳐야 할 때는 더욱 그랬다.

그러나 이런 여유로운 시간이 계속 이어지지는 않았다. 시계 바늘이 11시 반을 가리켰을 무렵, 밖에서 누군가 레지나의 이름을 외쳤다.

급하게 어머니를 부른 사람은 이웃에 사는 마리아 아주머니였어요. 1945년 9월 그날 일은 마치 오늘 일어난 일인 듯 생생하게 기억납니다. 당시 저희 집과 이웃집 사이에는 몇 미터 되는 담장이 있었는데, 옆집에 살던 마리아 아주머니가 담장 사이로 어머니 이름을 외쳤어요.

"레지나! 레지나!"

어머니는 심각한 일이 일어난 줄 알고 밖으로 달려 나갔어요. 하지만 마리아 아주머니 얼굴은 밝았어요.

"레지나, 전쟁이 끝났어요! 전쟁이 끝났어요!"

어머니는 잠시 당황해서 멍하니 서 있었어요. 그러다 이내 기쁨의 눈물을 흘렸죠. 해방의 눈물이었어요. 그러는 동안 신문사 《라 프렌사》의 사이렌이 요란하게 울렸습니다. 신문사는 우리 집에서 10킬로미터 정도 떨어져 있었는데, 모든 길모퉁이에서 사이렌 소리가 들리는 것 같았어요.

사람들은 무슨 일이 일어났는지 보려고 발코니와 거리로 쏟아져 나오기 시작했습니다. 아버지와 형제들도 마찬가지였죠. 정말 가슴 벅찬 순간이었어요. 그 장면을 직접 목격했고, 그 기억이 제 머릿속에 아직도 생생히 남아 있습니다. 비록 남미, 전쟁터에서 멀리 떨어진 곳에 살고 있었지만, 그 소박한 사람들도 평화를 얼마나 갈망했는지 이야기할 수 있어요. 우리는 무서운 악몽에서 드디어 깨어난 것처럼 행복한 기분을 느꼈어요. 죽임을 당했거나, 우리 지역까지 도망쳐야 했던 불쌍한 사람들을 생각하면 특히 더 그랬지요.

당시는 전 세계가 종전 발표를 애타게 기다리고 있었습니다. 지금도 마찬가지예요. 역사는 반복되지요. 그때 일어났던 일들이 오늘날에도 일어나고 있고요. 우리 모두는 지구의 여러 지역을 강타하는 분쟁과 폭력들로 고통받고 있습니다.

우리는 사람들이 받고 있는 고통을 덜어주기 위해 무엇을 할 수 있는지 질문해야 합니다. 물론, 재건에 참여하거나 보급품을 보내거나 자선 활동에 참여하는 식으로 기여할 수 있습니다. 그러나 그보다 중요한 기여는 이웃에 대한 증오와 분노를 마음속에서 내려놓는 것입니다. 우리는 모두 형제자매이며 우리 사이에 증오가 커져서는 안 됩니다. 전쟁이 진정으로 끝나려면 용서가 필요합니다. 그렇지 않으면 정의가 아닌 복수가 뒤따르게 됩니다!

우리는 평화의 문화를 구축하는 법을 배워야 합니다. 이는 단지 전쟁에 뒤따르는 폭력을 거부해야 한다는 것만이 아닙니다. 모든 폭력을 거부해야 합니다. 우리의 일상을 파괴하는 뒷담화의 폭력을 생각해보세요. 자기방어를 할 수 없는 취약한 이들에게 가해지는 심리적 폭력을 생각해봅시다. 권력 남용으로 말미암은 폭력도 있지요. 그런 일은 심지어 교회 안에서도 이루어지고 있습니다. 정말 평화를 원합니까? 그렇다면 우리부터 노력해야 합니다. 바오로 성인은 우리가 따라가야 할 길을 알려주셨습니다. 자비, 호의, 용서는 평화의 문화를 구축하는 최고의 약입니다.

제2차 세계대전 발발 직전인 1939년 8월 라디오에서 방송된 교황 비오 12세의 말씀이 생각납니다. 저도 라디오 뉴스를 통해 그 말씀을 들었습니다.

평화로 잃는 것은 아무것도 없습니다. 하지만 전쟁으로는 모든 것을 잃을 수 있습니다. 다시금 우리가 서로를 이해하기를 빕니다. 협상을 재개합시다. 선의를 가지고 서로의 권리를 존중하며 협상하면 성실하고 적극적인 협상을 통해 명예로운 결과가 불가능하지 않다는 것을 깨닫게 될 것입니다.

그러나 사람들은 그 지혜로운 말씀을 들을 귀가 없었습니다. 비오 12세가 말씀하신 지 불과 6년 후인 1945년 8월, 원자폭탄 두 개가 히로시마와 나가사키를 파괴하고 말았습니다. 저는 사람들이 이 재앙에 대해 이야기하던 것을 기억합니다. 술집이나 오라토리오에서 사람들은 미국인들(사람들은 미국인을 '다른 말을 쓰는 사람들los gringos'이라고 불렀습니다)이 치명적인 무기를 쐈다고 말했지만, 그 무기에 대해서 잘 알지 못했습니다. 아이들은 물론이고 어른들도 마찬가지였어요. "원자폭탄이 뭐예요? 어떻게 되는 거죠?" 모두가 궁금해했어요. 시간이 지나자 신문과 라디오에서 이 폭발이 어떻게 일어났는지, 원자폭탄의 파괴 반경이 어느 정도인지 설명해주는 기사가 나오기 시작했어요. 방사능이 아르헨티나까지 도달할 수 있는지 궁금해하는 사람들도 있었습니다.

지금과 같은 지식이 없던 시절이었기 때문에 정말 많은 사람이 두려움에 떨었죠. 공포와 절망이 만연했어요. 저는 히로시마에 있었던 사람들을 통해 당시와 그 이후에 일어난 비극적인 일에 대한 이야기를 들었습니다. 하지만 이 이야기는 나중에 하죠.

부에노스아이레스도 전쟁의 종식을 축하하는 분위기로 들떠 있었다. 그런 분위기 속에서 마리오와 레지나는 점심 준비를 했다. 오후에 산로렌소 경기가 있었기 때문에 서둘러야 했다. 다행히도 로사 할머니가 도와주러 왔다.

음식이 준비되는 동안 아이들은 거실에서 놀고 있었다. 오스카르는 카드 게임에서 이겨 아버지에게 받은 동전 두 개를 호르헤에게 자랑스럽게 보여주었다. 그런데 옆에서 보고 있던 마르타가 오스카르 손에 있는 동전을 가져가려고 했다. 그 순간 머리카락을 쥐어뜯는 싸움이 시작되었다.

비명 소리에 할머니가 싸움을 말리며 말했다. "오스카르, 마르타한테 하나만 주렴. 그냥 보고 싶어 하는 것뿐이야. 보고 나면 돌려줄 거야."

오스카르는 뚱한 얼굴로 대답했다. "싫어요. 마르타는 동전이 갖고 싶은 거예요. 가져가서는 안 돌려줄 걸요?"

"그게 꼭 문제가 될까? 마르타에게 선물해도 되지 않니? 기억하렴. 수의에는 주머니가 없단다. 돈에 집착할 필요가 없단다."

할머니의 말에 아이들은 조용해졌다. 특히 호르헤는 할머니의 말에 큰 감명을 받았다. 호르헤는 할머니가 하신 말씀이 무슨 뜻인지 이해했다. 그러고는 오스카르에게 동전 하나를 동생에게 주라고 했다. 마르타는 만족스러워하며 오빠 볼에 뽀뽀한 뒤 방으로 들어가 놀았다.

어른들이 라비올리를 준비하는 동안 라디오에서는 그날 일어난 일에 대한 심층 보도가 이어졌다. 워싱턴, 런던, 파리 거리에서 열린 축하 행사, 각국 정상의 반응, 도쿄에 도착한 미군이 일본 어린이들에게 꽃다발을 받았다는 소식이 방송되었다.

세계에 드디어 평화의 기운이 감돌았다. 그러나 두 차례의 원자폭탄 투하로 피해를 입은 사람들, 그들에게 방사능이 미친 영향에 관한 이야기도 계속 회자되고 있었다. 세상 한쪽에서는 축하 행사가 열리고, 다른 한쪽에서는 여전히 사망자와 부상자가 집계되고 있었다. 한 특파원은 기모노를 입고 있다가 피폭된 여성의 이야기를 들려주었는데, 방사능의 위력이 옷감에 인쇄된 무늬를 태워버렸고, 그 무늬가 여성의 등에 자국처럼 각인되었다는 이야기였다.

마리오는 라디오를 껐다. 아이들이 듣기에 적절한 이야기가 아니었기 때문이었다. 다행히도 이제 식탁에 앉을 시간이기도 했다.

일본에서 끔찍한 소식이 계속 들려왔어요. 라디오에서는 폭발에서 살아남은 사람들에 관해 이야기하는데, 그들에게 남은 것은 아무것도 없었다는 이야기가 계속 나오더군요. 살아남은 이들도 방사능 때문에 곧 죽을 것이라는 내용이었어요. 우리는 이웃들과 많은 이야기를 나눴어요. 그런 일이 다시 일어날 수 있다는 두려움이 존재했던 것 같아요. 또 다른 섬광이 갑작스럽게 나타나 모든 것을 삼켜버리고 아무도 빠져나갈 수 없을지도 모른다고, 그런 일이 우리에게도 벌어질지 모른다는 두려움 말입니다.

당시 저는 지리적으로 멀리 떨어져 있었지만, 몇 년 후 예수회 학생이 되었을 때 우연히 페드로 아루페 신부님을 통해 그 비극을 가깝게 느낄 수 있었습니다. 아루페 신부님은 히로시마에서 활동하던 선교사로 예수회 수련장이셨어요. 그날 폭탄이 예수회 건물 바로 근처에 떨어졌는데, 아루페 신부님은 수련소에 있던 35명의 젊은이와 몇몇 예수회원들과 함께 기적적으로 폭발을 피할 수 있었다고 했어요. 하지만 신부님은 그것을 결코 기적이라고 말하지 않았어요.

신부님은 원자폭탄이 떨어지던 1945년 8월 6일에 매우 강력한 폭발음을 들었고, 모든 것이 박살 났다고 말해주셨어요. 문과 창문, 벽이며 가구 할 것 없이 날아가버렸다고요. 신부님과 일행은 논밭으로 가까스로 탈출했고, 언덕 위에서 도시 전체가 잿더미가 된 것을 보셨답니다. 그곳에서 거대한 불바다와 불에 탄 수많은 시체를 목격했다고 들려주셨죠.

너무 많은 사람이 죽어서 환자를 돌볼 의사도 없는 상황이었답니다. 다행히 아루페 신부님은 의학을 공부했었기 때문에 사람들을 도울 수 있었어요. 신부님은 예수회 수련장을 야전병원으로 바꾸고 환자들을 돌보기 시작했습니다. 하지만 치료할 약이 없는 게 문제였대요. 다행히도 한 농부가 20킬로그램이 넘는 붕산을 기부해줘서, 신부님은 그걸 물에 섞어 화상을 치료할 수 있었다고 합니다. 다음 날이 되자 구조대가 도착하기 시작했답니다. 곧바로 일어나 재건에 나선 일본 사람들의 저력은 놀라웠어요. 저도 성인이 되면 선교사로 일본에 가고 싶었지만, 건강 문제로 허락을 받지 못했습니다. 누가 알겠습니까? 만약 제가 일본에 파견되었다면 제 인생은 전혀 다른 길을 걸었을 것이고, 아마도 바티칸의 누군가는 지금보다 행복한 삶을 살았을지도 모르죠.

그 끔찍했던 시절 이야기로 돌아가 보면, 아루페 신부님은 희생자들을 돌보면서 예수회 건물도 재건해야 했습니다. 그래서 집집마다 돌면서 자선을 요청했지요. 그 과정에서 신부님은 고통 속에서도 사람들에게 관대함이 있다는 것을 발견했다고 합니다. 그가 그렇게 절망적인 사람들 사이에서 안간힘을 쓰는 동안, 다른 사람들은 승리의 축배를 들었습니다.

전쟁을 목적으로 원자력을 사용하는 것은 인간에 대한, 인간의 존엄성에 대한, 그리고 우리 공동의 집인 지구에서 일어날 미래의 모든 가능성에 대한 범죄입니다. 매우 부도덕한 행위지요! 새로운 전쟁 무기를 만들면서 어떻게 평화와 정의의 옹호자인 양할 수 있을까요? 대량 살상 무기는 거짓된 안정감을 가져다줄 뿐입니다. 무기가 만들어내는 것은 의심과 공포뿐이니까요. 폭탄과 같은 무기의 사용은 환경과 휴머니즘에도 치명적인 영향을 미칩니다. 나가사키와 히로시마에서 벌어진 일을 기억합시다.

저는 2019년 히로시마 평화 기념관을 방문했습니다. 무고한 희생자들을 생각하면 그 방문은 참으로 감동적이었습니다. 저는 그 순례를 통해 평화의 길을 열어줄 세 가지 도덕적 의무, 즉 '기억하기', '함께 여정에 나서기', '보호하기'를 다시 한번 강조하고 싶었습니다. 현재의 세대뿐만 아니라 다가올 세대들도 무엇이 일어났는지 기억하도록, 살아 있는 기억을 잃어버리지 않도록 해야 합니다. 그 기억은 세대에 세대를 이어 "다시는 전쟁은 안 돼!"라고 말할 수 있도록 도와줄 것입니다.

또한 우리는 용서에 초점을 두고 함께 걸으며 오늘날 하늘을 어둡게 덮은 두터운 구름 속에서 한 줄기 빛을 찾아야 합니다. 어둠에 싸인 곳이 너무나도 많습니다. 지구상의 화약고가 되어버린 지역들, 고통받는 우크라이나, 시리아, 예멘, 미얀마, 중동, 남수단 등…. 여전히 전쟁의 비극을 겪고 있는 모든 나라에서 우리의 형제자매들이 어떻게 살고 있는지를 살펴봅시다. 이런 상황을 마주하면서 우리는 희망을 향해 마음을 열고 평화와 화해의 도구가 되어야 합니다. 서로를 보호하고, 서로를 공동 운명을 지닌 형제자매로 인정한다면 우리는 얼마든 평화와 화해의 도구가 될 수 있습니다. 그렇기 때문에 오늘도 그때와 마찬가지로 마음으로부터 함께 외치고자 합니다. "다시는 전쟁은 안 돼! 무기의 포성도 다시는 안 돼! 그런 고통도 다시는 안 돼!" 모두에게 평화가 있기를 빕니다. 지속적이며 무기가 없는 평화가 있기를.

1945년 당시 학교에서는 세계대전이 끝나고 강대국들이 세계를 어떻게 갈라놓았는지 가르쳐주었습니다. 평화를 주제로 프로젝트를 했던 기억이 납니다. 저는 그 프로젝트를 정말 좋아했거든요.

1948년 막냇동생 마리아 엘레나가 태어났는데, 어머니의 건강이 나빠지셔서 더는 우리를 모두 돌보실 수 없었습니다. 그래서 이듬해인 1949년 오스카르, 마르타, 저는 엔리코 포촐리 신부님의 도움을 받아 살레시오 기숙학교로 보내졌어요. 여덟 살이던 마르타는 여학생 기숙학교인 도움이신 마리아 학교에 다녔고, 오스카르와 저는 집에서 약 12킬로미터 떨어진 라모스 메히아에 있는 윌프리드 바론 데 로스 산토스 앙헬레스 기숙학교에 들어가게 되었습니다.

저는 6학년으로 들어갔는데, 지루할 틈조차 없었다고

말해야겠군요. 우리는 게으름을 필 상상도 할 수 없는 일상에 푹 빠져 있었습니다. 아침 일찍부터 미사, 공부, 수업, 쉬는 시간의 놀이가 이어졌고, 하루가 끝나면 교장 선생님의 저녁 인사를 들었습니다. 저는 기숙학교에서 무엇보다 공부하는 법을 배웠습니다. 그때 배운 암기 기술은 지금도 유용하게 사용하고 있어요. 그리고 고요함이 중요하다는 것을 배웠어요. 절대적인 고요함에 빠져 몇 시간이고 공부하는 것은 너무나 좋은 경험이었어요. 고요함은 집중력을 높여주죠. 우리는 운동도 많이 했습니다. 선생님들은 운동이 우리 삶의 근본이라고 말씀하시곤 했어요. 우리는 세계 대전과 원자폭탄으로 인해 걱정과 두려움에 싸여 있었기 때문에, 운동을 통한 경쟁이 도움이 됐습니다. 물론 건전한 대결의 선을 넘지 않는 정도에서, 기분을 전환할 수 있는 활동이어야 했지요. 운동을 통해 우리는 그리스도인으로서 경쟁하는 법을 배웠습니다. 반칙 플레이는 없어야 하고 무엇보다도 경기장에서는 정직해야 한다는 걸요!

그러나 가장 중요한 것은 양심을 일깨워줌으로써 편견이나 방향 감각 상실이 없는 가톨릭 문화가 제 몸에 배게 해주었다는 점입니다. 우리는 기숙학교에서 신실한 마음으로 살았습니다. 그것은 진짜였어요. 일상의 습관들이 형성되었는데, 그 습관들은 가톨릭 가르침을 따르는 존재 방식을 형성해주었습니다. 예를 들어, 그곳에서 저는 다른 사람에게 마음을 여는 법, 나보다 가난한 사람에게 내 것을 나누어주는 법을 배웠습니다. 수의에는 주머니가 없는 법이잖아요. 기억하시죠?

열두 살 때 사제의 소명을 처음 느낀 것도 자연스러운 일이었던 것 같아요. 저는 용기를 내어 마르티네스 신부님께 이 이야기를 꺼냈습니다. 신부님은 살레시오 기숙사들을 돌며 소년들에게서 많은 성소를 이끌어내셨기 때문에 '어부'라는 별명으로 불리곤 하셨어요. 저는 신부님을 몇 번 만났고 신부님도 조언을 해주셨지만, 성소에 대한 대화는 그리 심도 있게 나누지 못했어요. 제 마음속에서 그 열망은 여전히 잠들어 있는 상태였죠. 그러다 1950년대에 가서야 성소에 대한 제 열망이 비로소 강렬하게 폭발하게 되었습니다.

평화는 단순히 전쟁이 없는 것이 아니라
'정의의 결과'입니다.

IV.

냉전
그리고 매카시즘

"안녕, 호르헤! 아직 여름도 안 됐는데 웬일이야?"

아직 춥고 비가 추적추적 내리던 1953년 6월의 어느 날 아침 7시, 에스더의 목소리가 적막한 히케티에-바흐만 실험실에 울려 퍼졌다. 10대 청소년 호르헤 베르골료가 실험실에 불쑥 등장한 것이다.

당시 16세였던 호르헤에게 실험실은 집처럼 친숙한 곳이었다. 여름 내내 그 화학 분석실에서 현장 실습을 했기 때문이다. 당시 호르헤가 다니던 제12 산업학교는 학생들에게 공장이나 실험실에서 현장 실습을 하게 했다. 3학년부터 5학년까지 여름마다 실습 프로그램을 이수해야 했다. 이 프로그램은 오후 2시부터 6시까지 이루어지는 이론 수업과 오전 7시부터 오후 1시까지 이루어지는 실습으로 구성되어 있었다. 두 수업 사이에 1시간 정도 점심시간이 있었지만, 그 시간에 실습실에서 학교로 이동해야 했기 때문에 학생들은 샌드위치를 입에 물고 뛰어야 했다. 그렇게 6학년이 끝나면 화학 전문가 졸업장이 주어졌다.

호르헤가 그 이른 겨울 아침 실험실을 방문한 것은 학교 실습 때문이 아니었다. 그는 그저 실험실 책임자와 대화를 나누고 싶었다.

호르헤를 맞아준 에스더 발레스트리노는 이히니오 모리니고 마르티네스의 독재 때문에 조국에서 도망친 파라과이 생화학자였다. 그는 마르크스주의 활동가이자 페브레리스타 혁명당 당원으로 여성운동과 농촌운동 최전선에 서 있었기에 파라과이 당국을 피해 아르헨티나로 피신할 수밖에 없었다.

에스더는 온화하면서도 엄격한 선생님이었다. 호르헤에게 현미경을 비롯한 실험 도구 사용법을 알려주고, 증류기와 시험관 튜브로 그를 테스트하곤 했다. 하지만 실습 시간 외에는 시사 문제와 세계에서 일어나는 사건들, 마르크스주의와 노동자의 권리에 관해 이야기해주곤 했다.

에스더의 사무실은 항상 열려 있었다. 그의 사무실은 큰 서류 캐비닛들과 실험 장비로 둘러싸여 있었고, 책상 위에는 실험 결과지와 서류 뭉치 사이에 항상 신문이 놓여 있었다. 에스더는 매일 아침 신문을 사와서 쉬는 시간마다 읽었다. 그날 아침 신문 해외 면에는 미국의 싱싱 교도소에서 줄리어스 로젠버그와 에설 로젠버그의 사형이 집행되었다는 기사가 실려 있었다. 그 두 사람은 2년 전 소련 스파이 혐의로 사형 선고를 받았고 전기의자에 처형되었다. 판사의 판결에 따르면 로젠버그 부부는 핵무기에 관한 기밀을 소련에 넘겼다고 한다.

"호르헤, 이것 좀 들어봐." 에스더가 호르헤의 주의를 끌고는 기사를 큰 소리로 읽기 시작했다.

"여자가 죽지 않자 그들은 평소보다 강한 전기 충격을 주어야 했다. … 이것은 냉전의 결과, 아니 더 정확히 말해서 매카시즘의 가장 잔인한 결과였다."

호르헤에게 매카시즘은 낯선 단어가 아니었다. 1950년 허버트 블록이 《워싱턴 포스트》 만평에 언급한 이후 이 단어는 전 세계적으로 유명해졌다. 호르헤도 선생님들이 이 단어를 말하는 것을 들어본 적이 있었다.

당시 미국은 조지프 매카시 상원위원이 이끄는 반공주의 활동으로 인해 사회적 긴장이 고조되고 있었다. 매카시는 공산주의가 미국에 침투해 있고, 그냥 내버려두면 미국 사회의 근간을 해칠 것이라며 공산주의자를 색출해내야 한다고 주장했다. 많은 언론인, 작가, 예술가, 문화계 인사, 군인, 정부 관료 등이 표적이 되었다. 마녀사냥이라는 말이 나올 정도였다. 적색공포가 나날이 커지는 가운데, 미국과 소련이라는 두 진영은 점점 더 멀어지고 있었다. 이러한 국제정세 속에서 데스카미사도descamisado('가난한 이들'이라는 뜻—옮긴이)의 지지를 받는 아르헨티나 페론 정부는 냉전에 동조하지 않기로 하고, 제3의 입장을 발표하면서 미국의 영향력에서 벗어나고 있었다.

⚔

국제정치가 엄청나게 달아오른 시기였어요. 냉전이 많은 사람의 주머니 사정에 영향을 미쳤고 그로 인해 매우 도발적인 공개 성명, 시위, 의혹 제기와 보복이 이어졌죠. 당시 아르헨티나 신문에 실렸던 풍자만화들이 기억납니다. 미국과 소련이라는 두 거인이 위협과 스파이 활동으로 지하전쟁을 벌이고 있는 모습이었어요.

　스탈린 사망 후 소련에서 벌어지던 권력투쟁도 기억나요. 스탈린의 죽음은 지금도 생생하게 기억나는 사건이었습니다. 어떤 이들은 드디어 자유롭게 되었다고 기뻐했지만, 어떤 이들은 스탈린의 죽음에 큰 슬픔을 느꼈다고 해요. 로젠버그 부부에게 일어난 추악한 사건도 기억납니다. 이 사건은 서로를 의심하던 분위기, 곧 매카시즘 속에서 일어났는데, 미국 땅에서 공산주의 스파이를 찾다가 벌어진 일이었어요.

비오 12세 교황님께서 로젠버그 부부의 사형은 면하게 해달라고 요청하셨던 기억이 납니다. 교회는 사형을, 전 세계에서 지금도 집행되고 있는 사형을 용납할 수 없어요. 사형은 정의의 패배입니다. 법의 심판을 받은 이들에게도 마지막까지 열 수 있는 희망의 창이 있어야 합니다. 사람은 마지막 순간까지 스스로를 되살릴 수 있습니다. 변할 수 있어요. 하지만 사형 제도는 그러한 가능성을 허용하지 않습니다. 더 중요한 점은 사형이란 우리가 주님에게 받은 것, 즉 생명을 파괴한다는 것입니다. 그래서 묻습니다. 다른 사람의 생명을 빼앗기로 결정하는 건 도대체 누구입니까? 제겐 그들이 하느님의 자리를 차지하려는 이들로 보입니다. 다시 한번 강조하고 싶습니다. 그 어느 때보다 오늘날, 모든 그리스도인이 영적으로 단결하여 사형제 폐지를 위해 싸워야 합니다. 우리는 단결해서 이 일을 해내야 합니다!

1950년대 아르헨티나에서는 매카시즘에 대한 논의가 미미했어요. 미국의 일이었고, 신문이나 텔레비전 토론에서나 들어볼 수 있는 주제였죠. 아르헨티나도 해결해야 할 국내 문제가 많았기 때문입니다. 그 시절 저는 정치에 관련된 책을 읽었지만, 또래의 다른 젊은이들과 마찬가지로 친구들과 놀거나, 스포츠 등 다른 일에 관심이 더 많았어요. 그래도 로젠버그 부부의 이야기와 미국의 사회 현상을 알게 되었던 것은 그 실험실에서의 경험, 정확히는 에스더가 있었기 때문입니다. 에스더는 정말 대단한 사람이었어요. 저는 그분에게 많은 빚을 졌습니다. 그분은 진정한 공산주의자이자 무신론자였지만, 정말 존경할 만한 분이었습니다.

에스더는 자신의 이상이 분명한 사람이었지만 다른 사람의 신앙을 공격하지 않았어요. 그리고 제게 정치에 대해 많은 것을 가르쳐주었죠. 에스더는 제게 책과 잡지를 추천해주었는데 그중에는 공산당, 누에스트라 팔라브라Nuestra Palabra, 프로포시토스Propósitos의 출간물들도 있었어요. 저는 아르헨티나 독립 좌파의 대표적 작가이자 영화제작자 레오니다스 발레타의 글에 열광했습니다. 하지만 공산주의 이데올로기를 받아들인 것은 아니었습니다. 그것은 지적 수준에서의 독서, 그러니까 에스더가 속한 세상을 알기 위한 방법이었을 뿐이에요.

어떤 이들은 제가 가난한 사람들에 대해 자주 이야기하는 것을 두고, 교황이 공산주의자나 마르크스주의자 아니냐고 말하기도 합니다. 심지어 한 추기경 친구는 "프란치스코 교황은 반교황이다"라는 말을 들었다고 전해주기도 했습니다. 그것도 아주 독실한 신자가 확신한다는 듯이 말했다고요. 도대체 이러는 이유가 뭘까요? 제가 빨간 구두(빨간 구두는 전통적인 교황 복식의 일부로, 교황의 상징으로 여겨지기도 한다.—옮긴이)를 신지 않으니까요! 그러나 가난한 사람들 편에 선다고 자동으로 공산주의자가 되는 것은 아닙니다. 복음은 부유한 이들이 아니라 가난한 이들에게 주어진 것이며, 예수님의 마음속에는 가난한 이들이 있기 때문입니다.

빈곤에 관해서는 이데올로기가 없습니다. 교회에도 이데올로기가 없습니다. 그리고 있어서도 안 됩니다. 제가 누차 이야기한 것처럼 교회는 의회가 아닙니다. 모든 것을 우파나 좌파로 축소할 수 없습니다.「사도행전」4장 32절은 이렇게 말합니다. "신자들의 공동체는 한마음 한뜻이 되어, 아무도 자기 소유를 자기 것이라 하지 않고 모든 것을 공동으로 소유하였다." 초기 그리스도교 공동체는 재산을 공유했습니다. 이는 공산주의가 아니라 순수한 형태의 그리스도교입니다.

에스더는 사람들이 공산주의가 민주주의를 위협한다고 말할 때 주의해야 한다고 했습니다. 그렇게 말하는 이유를 분별할 지혜가 필요하다는 것이죠. 다른 목적을 위해 공산주의라는 유령을 활용하는 것은 아닐까? 정말 국가 기밀이 유출될 위험이라도 있는 걸까? 이는 당시 많은 사람이 던졌던 질문입니다.

에스더와 실험실에서 만나고 몇 년 후, 그는 힘겨운

싸움을 시작했습니다. 다른 여성들과 함께 데사파레시도스desaparecidos('사라진 이들'이라는 뜻. 쿠데타로 집권한 비델라 정권은 독재에 저항하는 정치인과 학자, 학생, 노조원 등을 비밀리에 납치, 고문, 살해했고, 이 과정에서 많은 실종자가 발생했다.—옮긴이)의 어머니들을 모아 오월 광장 어머니회를 설립했거든요. 산크리스토발에 있는 산타크루스 성당에 이 협회 본부를 두었어요. 그리고 나의 사랑스러운 친구 에스더는 지금 이 성당 묘지에 묻혀 있습니다. 이에 대해서는 나중에 말씀드릴게요.

에스더는 정말 친구 같은 분이었어요. 하지만 그분과 함께 일하는 건 쉽지 않았습니다. 일할 때는 정말 엄격했거든요. 제가 검사를 너무 빨리 끝내면 결과를 확인했고 조금이라도 의심스러운 부분이 있으면 다시 하라고 지시하곤 했습니다. 제가 쓸모없다고 생각해서 빼놓은 검사가 있으면 "호르헤, 모든 일은 신중하게, 제대로 해야 해"라며 꾸짖고 다시 하게 하셨어요. 그분은 진지하고 꼼꼼하게 일하는 것을 중시했습니다.

사실, 저는 그렇게 일하는 자세에는 제법 익숙했습니다. 어렸을 때부터 이런저런 일을 했기 때문이죠. 실험실에서 실습을 하기 전에는 아버지가 회계사로 일하던, 집 근처 염료 공장에서 청소부로 일하기도 했고, 가끔 비서 일도 했어요. 당시 저는 킨티노 보카유바 거리에 있는 외조부모님 댁에서 지냈는데, 종종 엔리코 포촐리 신부님과 점심 식사를 같이할 수 있었습니다. 정말 아름다운 시간이 었죠.

　1950년대는 제 인생에서 가장 중요한 시기였습니다. 그 10년 동안 저는 일과 사랑을 경험하고, 죽음에서 간신히 살아났으며, 무엇보다 사제 성소를 경험했습니다. 사제 성소는 초봄의 어느 날 갑자기 찾아왔습니다.

실험실과 학교를 오가는 동안 겨울이 지나고 남반구에 봄이 왔다. 1953년 9월 21일 월요일, 부에노스아이레스는 초봄의 들뜬 분위기 속에서 기지개를 펴고 있었고, 학생들은 봄 축제를 앞두고 약속을 잡느라 분주했다.

　호르헤는 8시도 안 되었는데 서둘러 외출 준비를 하고 있었다. 어머니가 다림질해준 정장을 챙겨 입고 플로레스역에서 친구들을 만나 도시 밖에서 열리는 축제에 갈 계획이었다. 아버지 마리오는 여전히 라디오를 틀어놓았다. 텔레비전이 등장하면서 라디오 방송의 질이 떨어지고 있을 때였지만, 베르골료 가정에서는 매일 아침 라디오를 트는 전통이 그대로 유지되고 있었다. 마리오가 아침 방송에 나오는 클래식 음악을 좋아하는 것도 그 이유였지만, 새로운 전자 기기를 살 금전적 여유가 없었기 때문이다.

축제 날이 되기 몇 주 전 신문과 방송은 7월 한국전쟁이 끝났다는 소식과 9월 7일 니키타 흐루쇼프가 소련 공산당 서기로 선출되었다는 소식을 전해주었다. 스탈린주의의 비극적 시기를 이겨낸 많은 이에게 흐루쇼프의 선출은 단 한 가지만을 의미했다. 바로 냉전의 종식이었다. 하지만 다른 이들은 막간 휴식 정도일 뿐이라고 생각했다. 그들은 세계를 두 블록으로 나누는 논리에서 벗어나려면 시간이 좀 더 걸릴 것이라고 확신했다.

에스더 덕분에 정치에 관심을 갖게 된 호르헤는 집에서도 관련 주제들을 꼼꼼히 살펴보곤 했다. 호르헤는 세상이 어떻게 돌아가는지 이해하고 싶었고, 그래서 가능한 한 많은 정보를 얻으려고 노력했다. 동아리 친구들이나 실험실 동료들과 함께 록 음악을 듣거나 탱고를 추고, 당구 게임을 하면서 공산주의, 페론주의, 자본주의에 대해 이야기하기도 했다. 냉전과 냉전이 세계경제에 미친 영향은 당시 젊은 세대가 가장 관심을 쏟았던 주제이기도 하다.

호르헤에게는 다른 관심사도 있었다. 우표 수집은 매우 열중하던 취미였고, 성당에서 하는 가톨릭 단체 활동에도 참여했다. 라디오에서 오페라를 듣는 것도 점점 더 좋아하게 되었다. 여전히 산로렌소의 열성 팬이었기 때문에 스포츠 뉴스도 자주 들었다. 하지만 그 축제 날은 라디오 뉴스를 듣느라 시간을 낭비할 수 없었다. 친구들이 역에서 기다리고 있었기 때문이다.

�֎

신문과 라디오를 통해 흐루쇼프가 소련 공산당 서기장이 됨으로써 미국과 소련 사이에 해빙 국면이 시작되리란 걸 알게 되었습니다. 미국의 아이젠하워 대통령과 소련의 흐루쇼프 서기장 양측 모두 전쟁을 피하고 평화를 유지하는 방법을 찾고자 했죠. 실제로는 암묵적으로 상대를 인정하면서, 자신에게 유리한 국면을 만들려고 했습니다. 기술과 산업 경쟁, 특히 우주 정복을 위한 새로운 경쟁이 시작되던 시기이기도 했죠.

중요한 것은 그 역사적 시기, 그러니까 1962년 쿠바 미사일 위기 전까지만 해도 핵무기를 사용한다고 해서 모든 문제가 해결되지 않는다는 인식이 기본적으로 깔려 있었다는 점입니다. 하지만 역설적이게도 오늘날은 근시안적 시각으로 냉전 분위기를 다시 불러일으키려는 것 같습니다. 어떤 이들은 수십 년 동안 엄청난 위기 한가운데서 숨죽이며 살았다는 사실을 잊은 것 같습니다. 우리는 정말 가까스로 목숨을 건졌습니다! 그런데도 오늘날 전 세계를 절망에 빠뜨릴 핵전쟁의 위협이 다시 불거지고 있습니다. 이와 관련해서 교황 요한 23세의 말씀을 다시 읽어보는 것이 좋겠습니다.

정말 전쟁이 초래하는 파괴와 고통에 대해 책임질 수 있는 사람이 있을까요? 그런 사람은 없다는 것을 우리가 받아들인다면, 어느 한순간 예측할 수 없고 통제할 수 없는 사건이 전쟁 기계를 작동시키는 스파크를 일으킬 가능성을 결코 배제할 수 없습니다.

핵무기의 위협 아래서는 우리 모두가 패자이며, 탈출구가 없다는 사실을 잊지 맙시다.

1953년 9월 21일, 축제에 가려고 서둘러 집을 나서서, 역에서 친구들과 만나려 했던 그날로 돌아가봅시다. 어렸을 때부터 다니던 산호세 데 플로레스 대성당 앞을 지나는데 갑자기 주님께 인사하고 싶어졌어요. 그래서 성당에 들어가 무릎을 꿇고 기도했는데, 고해성사를 하고 싶다는 마음이 점점 커지는 겁니다.

보통 저는 알마그로의 마리아 도움의 대성당에서 고해성사를 하곤 했습니다. 그곳에는 항상 제게 조금은 두려운 마음이 들게 하셨던 스칸드로글리오 신부님과 몬탈도 신부님, 푼토 신부님 같은 분들이 계셨기 때문입니다. 신부님들은 놀라운 경청 능력으로 사람들의 이야기를 들어 주셨고, 진정한 자비의 증인이셨기 때문에 다들 '고해성사의 대가'라고 불렀어요. 그런데 그날은 갑자기 산호세 데 플로레스 대성당에서 고해성사를 하고 싶어졌던 거죠. 당시 산호세 데 플로레스 대성당에는 코리엔테스 출신이었던 카를로스 두아르테 이바라라는 생전 처음 보는 신부님이 계셨어요. 그분은 백혈병을 치료하러 부에노스아이레스에 왔다가 불행히도 이듬해에 돌아가셨다고 전해 들었습니다.

그분에게 고해성사를 하던 중에 뭔가 이상한 일이 일어났고, 그렇게 제 인생은 완전히 바뀌었습니다. 저는 갑자기 하느님을 만난 것 같은 놀라움을 경험했어요. 하느님은 그곳에서 저를 기다리고 계셨어요. 그분께서는 제가 오리라는 것을 알고 계셨던 것이 분명합니다. 고해성사를 하면서 저는 주님의 자비를 느꼈습니다. "자비로 그를 바라보시고 그를 선택하셨다." 우리는 베다 성인의 「강론 21」에서 이 구절을 읽게 되었는데, 이는 예수님께서 세리 마태오를 불러 당신을 따르도록 초대하는 마태오의 소명 사화에 대해 설명하면서 하신 말씀입니다. 9월 21일 성 마태오 복음사가 축일의 성무일도 독서 기도에 제시된 내용이에요. 이 문장이 나중에 저의 주교 모토가 되었고, 교황이 된 지금도 제 문장에 새겨진 것은 우연은 아닙니다(성직자들은 서품을 받을 때 자신의 모토를 정하는데, 주교나 교황은 그 모토를 주교 문장에 새긴다. 주교 문장은 유럽의 왕이나 귀족 문장에서 유래한 것으로 색깔이나 형상을 넣어 자신의 사목 표어, 곧 모토와 주교의 역할을 형상화한 것이다.—옮긴이).

하느님은 언제나 우리를 기다리시는 분입니다. 우리가 죄를 지었을 때, 그분은 우리를 용서하고, 우리를 받아들이며, 우리에게 사랑을 베풀기 위해 기다리고 계십니다. 그렇게 믿음은 점점 더 커집니다. 저는 그날 「사도행전」에서 바오로가 주님의 부르심을 받았을 때 그랬던 것처럼 "땅에 엎어졌다"고 할 수 있습니다.

친구들과 놀러 가려던 계획은 그것으로 끝났어요. 저는 제 인생에서 가장 아름다운 순간을 경험했고, 전적으로 하느님의 손에 저를 맡기고 있었어요. 저는 완전히 압도당했습니다. 집으로 돌아가 침묵 속에 혼자 조용히 머물러야겠다는 생각이 들었어요.

졸업하고 대학을 선택할 때가 될 때까지 2년간 사제 성소에 대해 가족들에게 이야기하지 않았습니다. 아직 가족들에게 말할 자신이 없었기 때문에 제 사제 성소에 대해 아는 사람은 두아르테 신부님뿐이었어요. 처음에는 친구들에게도 이 이야기를 하지 않았습니다. 저와 가장 친하게 지내던 친구는 10명이었는데, 우리끼리 장난으로 '10명의 아이들'이라고 불렀죠. 저녁이면 친구들과 함께 차카리타에 있는 클럽에 가서 당구도 치고, 정치 토론도 하고, 탱고를 추면서 시간을 보냈습니다. 저는 후안 다리엔소, 훌리오 소사, 아다 팔콘을 좋아했어요. 나중에 알게 되었는데, 아다 팔콘은 여러 번의 연애 끝에 수녀가 되어 코르도바 지방의 한 마을에서 지내고 있다고 합니다.

그러다 마침내 아버지께 제 성소에 대해 말씀드릴 때가 왔습니다. 아버지는 매우 기뻐하셨지만, 어머니께 말씀드리기는 두려웠어요. 어머니가 제 선택을 받아들이지 않을 것 같았거든요. 그래서 어머니께는 의학을 공부할 거라고 말씀드렸습니다. 그러던 어느 날 어머니가 제 책상 위에 신학과 철학에 관한 책이 놓여 있는 것을 발견하셨죠. 어머니는 거짓말했다며 꾸짖으셨지만, 저는 웃으며 답했습니다. "어머니, 저는 의학 공부를 하고 있어요. 영혼을 위한 의학 공부요." 하지만 어머니는 제 결정을 받아들이지 않으셨고, 결국 아버지가 어머니를 진정시켜야만 했어요. 어머니는 돌아선 채로 말씀하셨습니다. "나는 모르겠다. 호르헤, 너는 이미 성인이야. 그래도 대학을 마치고 나서 결정하렴." 어머니는 당신의 장남이 의사가 되는 걸 꿈꾸셨던 거죠.

로사 할머니는 제 성소 이야기를 듣고 너무나 행복해하셨어요. 아직도 할머니의 사랑이 가득 찬 달콤한 말씀이 머릿속에 각인되어 있습니다. "호르헤, 우리 집 문은 항상 열려 있다는 걸 꼭 기억하렴. 어느 날 네가 돌아온다고 해도 너를 비난할 사람은 아무도 없단다. 그러나 하느님이 너를 부르신다면 떠나거라. 너는 축복받았단다."

그래서 저는 엔리코 포촐리 신부님의 영적 지도를 받아 신학교에 가기로 결정했습니다. 신부님은 부모님의 결혼 20주년 축하식에 오셔서 부모님과 오랫동안 이야기를 나누셨어요. 그렇게 저는 열아홉 살에 비야 데보토 대교구 신학교에 입학했습니다. 그곳에서 저는 어린 신학생들을 돌보는 임무를 맡았는데, 그중에는 트렌티노 이민자 자녀였던 레오나르도 산드리라는 열두 살 소년도 있었어요. 놀랍게도 그는 추기경이 되었고, 나중에 바티칸에서 다시 만났답니다.

하지만 바로 그해, 저는 성소가 흔들리는 경험을 하게 됩니다. 당연한 일이에요. 흔들리지 않는다면 우린 인간이 아닐 테니까요. 성소를 받기 전에는 여자 친구도 한 명 있었어요. 아주 사랑스러운 사람이었는데, 나중에 영화계에서 일하다가 결혼했다고 들었습니다. 신학교에 다니던 그때의 일은 삼촌 결혼식에 갔다가 벌어졌어요. 우연히 참석한 결혼식에서 한 소녀를 본 거죠. 눈이 번쩍 뜨였어요. 얼마나 예쁘고 똑똑했는지 정신을 차릴 수 없었죠. 일주일 정도는 그 소녀의 모습이 아른거려 기도하기도 어려웠어요. 다행히도 그런 시기는 지나갔고, 다시 저는 제 소명에 몸과 마음을 오롯이 바칠 수 있었습니다.

하지만 그 이후 또 다른 시련이 닥쳐왔습니다. 1957년 8월, 조부모님의 결혼 50주년을 앞두고 있을 때였는데, 신학교에 독감이 유행했습니다. 다들 독감에 걸렸고, 저도 마찬가지였죠. 그런데 다른 친구들은 나아서 외출도 할 수 있게 됐지만 저는 열이 가시지 않아 계속 방에 갇혀 지내야 했어요. 그러던 어느 날 체온이 너무 높이 올라간 겁니다. 당황한 원장 신부님은 저를 시리오 리바네스 병원으로 데려갔어요. 병원에서는 제 상태가 심각하다며 폐에서 1리터나 되는 체액을 제거했습니다. 제 곁에는 도미니카 수녀회 소속의 코르넬리아 카라글리오 수녀님이 계셨는데, 저는 그분께 목숨을 빚진 거나 다름없어요. 의사들이 저에게 처방한 페니실린 양이 너무 적다는 것을 수녀님이 발견하셨거든요. 수녀님은 대범하게 투약량을 늘려주셨고, 덕분에 저는 살아날 수 있었습니다. 그 후 저와 혈액형이 같은 신학교 친구들이 매일 헌혈을 하러 왔어요. 제 주변에는 수호천사가 정말 많았습니다.

입원은 길어졌고, 저는 병실에 오래 머물러야 했습니다. 저는 제게 무슨 일이 일어날지 생각했어요. 죽음도 준비하고 있었습니다. 죽음이란 갑자기 올 수 있는 거잖아요. 아무도 죽음을 피할 수 없으니까요. 어머니는 병문안을 오실 때마다 눈물을 흘리셨고 다른 사람들은 저를 위로

하려고 노력했습니다. 그리고 같은 해 11월, 낭종 3개가 생긴 오른쪽 폐의 상엽을 제거했어요. 당시 기술로는 큰 수술이었죠. 절개한 부위가 얼마나 컸는지, 그리고 그로 인한 고통이 얼마나 심했는지 상상할 수 없을 겁니다.

퇴원할 때 저는 교구 신학교를 떠나 예수회에 입회하기로 결심했습니다. 예수회의 선교 소명에 매료되었고, 예수회의 규율도 마음에 들었거든요. 3월 신학교 입학을 앞두고 저는 포촐리 신부님 덕분에 탄딜의 돈 보스코 산장에서 젊은 성직자들과 한 달을 보냈습니다. 포촐리 신부님은 예수회 소속이었지만, 한번도 제게 당신이 속한 수도회에 입회하라고 설득하지 않으셨어요. 신부님은 제 결정에 개입하지 않으시면서도, 언제나 제 결정을 존중해주셨죠.

1958년 3월 11일 저는 예수회에 입회했습니다. 처음에는 아르헨티나에서, 그리고 다음에는 칠레의 선교지에서 공부했어요. 그러고 나서 산타페에 있는 인마쿨라다 콘셉시온 학교와 부에노스아이레스의 살바도르 학교에서 학생들을 가르쳤어요. 그때는 1960년대 중반이었고, 저는 마에스트리요maestrillo, 곧 수련자 신분이었어요. 아직 서른도 안 된 나이였기 때문에 학생들은 저를 카루차carucha라고 불렀어요. 아기 얼굴이라는 뜻이죠. 정말 창의적인 친구들이었어요!

두 학교에서 저는 호기심 많고 저항심도 강했던 학생

들에게 문학과 심리학을 가르쳤습니다. 한번은 로베르토라는 학생이 야구 경기 중에 자기보다 어린 학생의 뺨을 때리는 일이 있었어요. 심각한 문제였지만 저는 벌을 주기보다 가르침을 주어야겠다고 생각했습니다. 저는 그래서 그를 특별히 마련한 교실로 불렀어요. 교실에 들어온 로베르토는 저와 반 친구들이 둥글게 앉아서 자신을 기다리고 있는 모습을 보았습니다. 저는 그에게 무슨 일이 있었는지, 왜 그런 행동을 했는지 친구들에게 설명해달라고 했습니다. 어떤 학생은 로베르토를 위로했고, 다른 학생은 조언을 해주었으며, 몇몇은 웃어주었습니다. 저는 그 광경을 못 본 척했습니다. 이어서 이 특별한 학생 위원회는 로베르토가 어떤 처벌을 받아야 할지 논의했습니다. 뺨을 맞은 학생에게 즉각 사과할 것과 더불어 2주간 스포츠 금지 결정이 내려졌어요. 제가 그렇게 일을 처리한 데에는 두 가지 의미가 있었어요. 먼저, 잘못된 행동을 제재한 것이 교사가 아니라 학생들이었다는 점입니다. 이런 시도를 통해 학생들이 '공동체'라는 단어의 의미를 체험하게 되었죠.

산타페에 있을 때 만난 호르헤 밀리아라는 학생도 기억납니다. 그 학생은 나중에 변호사가 되었더군요. 지금은 작가이자 저널리스트로도 활동하고 있고요. 학교에 다닐 때 이 친구가 문학 리포트를 제때 제출하지 않아 시험을 통과하지 못하는 일이 있었습니다. 호르헤 밀리아는 대신 저와 다른 두 수사 형제로 구성된 위원회 앞에서 시험을 치렀고, 결과는 훌륭했습니다. 10점 만점을 받을 만했어요. 하지만 저는 그가 9점을 받아야 한다고 주장했습니다. "시험은 10점이지만, 호르헤 밀리아에게는 9점만 줍시다. 그래야 이 경험을 잊지 않을 겁니다." 불쌍한 호르헤 밀리아는 지금까지도 그 말을 기억하고 있는 것 같아요! 그는 마요르카로 이사했고 가끔 저를 보러 바티칸에 오기도 합니다.

당시 학생들 사이에 불었던 비틀즈 열풍을 얘기하지 않을 수 없네요. 1965년 어느 날, 학생 몇 명이 제 방문을 두드리더군요. 비틀즈를 따라서 4인조 밴드를 만들고 싶은데, 연습할 공간과 장비가 없다는 거였어요. 학생들은 저에게 그 리버풀 그룹의 음반을 보여줬어요. 저는 멤버들의 머리를 보고 "여러분도 이런 장발이 하고 싶다는 건 아니죠?"라고 농담을 했습니다. 그러고 나서 우리는 약속을 했어요. 학생들은 열심히 공부하기로 하고, 저는 그들을 열심히 응원하기로요. 어렵사리 한 주에 한 번 쓸 수 있는 연습실을 구했고, 교장 선생님이 평소 사용하던 마이크와 스피커도 빌릴 수 있었죠. 그리고 비틀즈 가사를 스페인어로 번역해줄 사람도 구했어요. 저는 이 친구들이 학교에서 공연할 수 있도록 자리를 마련했지만, 불행히도 공연은 실패로 끝났어요. 앰프가 작동하지 않았거든요. 그래서인지 안타깝게도 5학년 시험이 끝난 후 밴드는 해체되었습니다. 하지만 좋은 경험이었다고 생각해요. 무엇보다도 공동체를 만들 수 있는 기회였잖아요!

학생들은 매우 섬세했어요. 특히 학교를 졸업하기 직전은 한창 감각과 정신이 섬세할 때죠. 그래서 저는 창의적인 글쓰기를 장려하려고 노력했고, 교과서가 말하는 것과 작가들이 말하는 것을 구별할 필요가 있다고 설명했습니다. 그래서 다양한 작가들을 초청했습니다. 그중에는 호르헤 루이스 보르헤스와 함께 일했던 언론인 겸 작가 마리아 에스테르 바스케스도 있었어요. 시간이 좀 지난 뒤 보르헤스를 직접 초청해 여러 번 기억에 남는 만남을 가졌습니다. 또 다른 기억나는 작가로는 당시 아르헨티나 베스트셀러였던『우리가 솔리스를 삼켜버렸다Los que comimos a Solís』를 쓴 마리아 에스테르 데 미겔도 있었습니다. 그는 말뿐만 아니라 아름다운 모습으로 학생들의 마음을 크게 사로잡았죠.

학생들에게도 매우 중요한 교육적 경험이었고, 사제 서품을 앞두고 준비하던 저에게도 매우 중요한 시간이었습니다.

서로를 알고, 서로의 말에 귀 기울이고,
생각의 반경을 넓히는 것,
바로 그런 태도가 필요합니다.

V.

달 착륙

늦은 시간에도 막시모 데 산호세 신학교 기숙사 불은 환히
켜져 있었다. 부에노스아이레스 북서쪽에 있는 이 거대한
벽돌 건물에는 예수회 신학생들, 즉 철학과 신학을 공부하
는 학생들이 머물고 있었는데, 그날 저녁 학생들은 과학기
술 발전의 특별한 순간을 보기 위해 텔레비전 앞에 모여들
었다.

　1969년 7월 20일 일요일 밤 10시 가까이 되었을 즈음
이었다. 추운 겨울밤이라고 해도 유독 길거리에 돌아다니는
사람이 없어 한산했다. 어떤 이들은 자기 집에서 그 놀라운
광경을 보기 위해 난로 앞 안락의자에 앉아 있었고, 어떤 이
들은 친구 집이나 바에 앉아 그 광경을 시청하고 있었다.

의자 40여 개가 전부인 단출한 신학교 텔레비전 시청실에는 사람들이 꽉 들어차 있었다. 원장 신부님은 학생들이 역사적인 달 착륙 생방송을 볼 수 있도록 취침 시간을 늦춰줬다. 32세의 호르헤 베르골료도 그 방에 있었다. 사실, 호르헤는 빨리 방으로 돌아가 일찍 잠자리에 들고 싶었다.

5개월 뒤면 사제 서품을 받게 될 것이기 때문에 침묵과 기도로 저녁 시간을 보내고 있었다. 그렇게 하는 게 인생의 위대한 사건을 준비하는 자세라고 생각했기 때문이다. 사제 서품을 준비하면서 자필로 신앙 선서문을 작성하고 있었고, 그날 밤에는 답해야 할 편지들도 남아 있었다. 몇몇 편지는 산타페 학교 시절 제자들이 보낸 편지였다. 게다가 침대 옆 탁자에는 프리드리히 횔덜린의 시집과 다시 한번 읽어봐야 할 노트들도 있었다. 그리고 호르헤는 아침 일찍 일어나는 것을 좋아했다.

이런 여러 이유에도 인간이 최초로 달에 발을 딛는 것을 보는 것은 인생에 다시 없을 기회였다. 그날 아침부터 모든 신문과 방송이 달 착륙 이야기를 하고 있었다. 텔레비전 시청실에 모인 신학생들 사이에서는 파리 소리 하나 들리지 않았다. 가장 수다스러운 신학생들도 미국에 파견된 특파원이 전해주는 소식을 듣기 위해 침묵하고 있었다.

정말 잊을 수 없는 밤이었어요! 우리 모두 멀리서 보내온 영상을 보려고 텔레비전 앞에 모여 있었습니다. 우리가 그 순간을 목격할 수 있었던 건, 다행스럽게도 당시 사치품에 가까웠던 텔레비전이 신학교 기숙사에 있었기 때문이었어요. 행운이었죠. 흑백이었지만 화질이 꽤 좋았어요.

먼지 위에 새겨진 닐 암스트롱의 발자국이 얼마나 인상적이었던지. 미국 CBS 방송국의 영어 해설을 아르헨티나 아나운서가 동시통역하는 모습도 인상적이었죠. 우주 비행사가 한 말도 스페인어로 옮겨주었는데, 역사에 길이 남을 말이었어요. "한 사람에게는 작은 발걸음이지만 인류에게는 거대한 도약입니다." 정말 감동적이었습니다.

몇몇 친구들은 그날 오후 3시부터 텔레비전을 보고 있었어요. 이른 오후부터 밤늦게까지 방송은 멈추지 않고 마라톤처럼 계속 이어졌고요. 암스트롱이 달에 착륙한 지 6시간이 지나고서야 땅을 밟았다는 걸 생각해보세요. 암스트롱이 땅을 밟았을 때가 아르헨티나 시간으로는 거의 밤 11시였어요. 그때까지 모두가 텔레비전 앞에서 숨죽이고 있었던 거죠. 하지만 그날 저는 할 일이 많아서 우주 비행사가 비행선 밖으로 나오던 저녁 10시쯤이 되어서야 텔레비전 시청실로 갈 수 있었습니다. 암스트롱이 달에 발을 디딘 순간, 그리고 얼마 지나지 않아 동료 버즈 올드린과 함께 달에 성조기를 꽂았을 때, 우리 모두 입을 벌리고 앉아서 시계를 확인하며 그 놀라운 순간을 영원히 기억하려고 했습니다.

사실, 이 중요한 날을 앞두고 며칠 전부터 아르헨티나에서는 격렬한 논란이 벌어졌었어요. 7월 16일 아폴로 11호를 실은 로켓이 발사되었었는데, 아르헨티나에서는 위성 고장 때문에 발사 장면을 볼 수 없었거든요. 그래서 그날 큰 기대와 함께 자칫하면 가장 중요한 순간 방송이 중단될 수도 있을 거라는 두려움도 있었습니다.

신학교 기숙사에도 축제에 찬물을 끼얹는 친구들이 있었어요. 방송을 보는 내내 "속지 마. 이건 거짓말이야. 분명 스튜디오에서 촬영한 장면일 거야!" 같은 말을 하며 분위기를 흐렸죠. 우리가 기술적 진보에 대해, 달에 갈 수 있는지 없는지에 대해 논쟁에 빠져들 때쯤 다행스럽게도 책임자 신부님 한 분이 그 친구들의 입을 막았습니다. 그런 식으로 망치기에는 너무나 중요한 순간이었기 때문이죠. 어쨌든 그날 저녁 우리 모두는 세상이 이제 다르게 변하리라는 것을 직감했습니다.

진보는 당연히 이루어져야 하고, 또 항상 앞으로 나가야 하지만, 진보는 언제나 인간의 통제력과 조화를 이루어야 합니다. 진보가 조화롭지 않고, 또 통제력 밖에서 진행된다면 인간이 어찌할 수 없는 비인간적인 것으로 변하고 말 것입니다. 그런 일은 과거에도 있었고, 지금도 일어나고 있습니다. 예를 들어, AI는 우리 모두의 삶에 점점 더 깊숙이 들어오고 있는데, 잘못 사용되거나 범죄에 악용되면 인간에게 큰 위험이 될 수 있습니다. 가짜 뉴스를 생각해보세요. 새로운 도구들로 교묘하게 만들어낸 거짓 증거에 기반한 뉴스들 말입니다. 새로운 현실에 대한 윤리적 접근이 필요합니다. 저는 예전에도 알고리즘 윤리algorethics에 관해 이야기한 적이 있습니다. 알고리즘 윤리는 인간과 AI의 상호작용을 연구하는 새로운 학문 분야로, 그 상호작용이 인간을 존중하며 이루어질 수 있도록 하는 게 목적입니다.

달에 도달한 인간의 모습 앞에서 우리는 경외감을 느꼈고, 지금 일어나고 있는 그 거대한 일 앞에서 작아지는 느낌을 받았습니다. 우주에 대해 생각할 때도 마찬가지입니다. 무한한 우주 앞에서 우리는 작은 물방울에 불과합니다. 내일 저 외계에 다른 형태의 생명체가 존재한다는 것이 밝혀진다면, 그것도 하느님이 그렇게 되기를 원하셨기 때문일 것입니다. 우주의 존재와 지성은 혼돈의 결과가 아니라 현재하는 신적 지혜의 산물입니다. 이를 「잠언」 8장 22절에서 읽을 수 있습니다. "주님께서는 그 옛날 모든 일을 하시기 전에 당신의 첫 작품으로 나(지혜)를 지으셨다."

끊임없이 진리를 추구하며, 과학으로 발견된 새로운 지식을 겸허히 수용하고, 과거의 실수를 반복하지 않아야 합니다. 인간의 지식이 닿을 수 있는 한계를 향해 걸어갈 때 참으로 주님을 체험할 수 있습니다. 주님만이 우리 마음을 가득 채우실 수 있을 것입니다.

교회가 제시하는 사회교리는 우리의 길을 밝혀줄 등대입니다. 사회교리는 정의, 인간의 존엄성, 보완과 연대를 깨닫는 데 큰 도움을 줍니다. 하지만 새로운 기술이나 과학적 발견이 사회교리가 알려주는 원리와 다른 목적으로 사용될 때 마음이 아픕니다. 예를 들어, 전쟁에 새로운 기술을 사용하거나 새로운 지식을 악용하여 시험관 배아를 만든 다음 그 배아를 파괴하거나, 다른 이의 자궁을 빌려 착상을 시키는 등 아이를 마치 물건처럼 생각함으로써 인간의 존엄마저도 위협하는 비인간적인 행동이 점점 더 퍼져 나가는 모습을 보면 비통한 생각이 듭니다.

임신에서 죽음에 이르기까지 모든 인간의 생명은 항상 보호되어야 합니다. 저는 낙태가 살인이며 범죄 행위라는 점을 강조하는 데 결코 지치지 않을 것입니다. 낙태와 관련해서 다른 말을 할 수 없습니다. 낙태는 죄 없는 한 인간의 생명을 버리고 제거하는 것을 의미합니다. 낙태를 실행하는 사람들과 도운 사람들에게 더 큰 패배가 다가올 것입니다. 그들은 고용된 살인자이자 암살자들입니다. 낙태가 더는 벌어져서는 안 됩니다. 양심에 따라 이 문제에 이의를 제기하는 것, 낙태 반대를 옹호하고 장려하는 것은 필수적입니다. 여성들을 어떻게 도울 수 있을까요? 여성들이 낙태라는 극단적인 선택에 이르지 않도록 그들 편에 서서 그들을 기꺼이 받아들이며 낙태가 모든 문제의 해결책이 아니라는 것을 알려주어야 합니다. 생명은 신성한 것이며, 우리가 하느님에게 받은 선물이기 때문에 그렇게 함부로 버릴 수 없다는 것을 이해시켜주어야 합니다. 제게 목소리가 남아 있는 한 저는 이 주장을 계속해서 외칠 것입니다. 저는 사제 서품을 받고 인류가 달에 착륙하는 것을 지켜봤던 1969년부터 대화와 강론 때마다 이 주장을 계속해서 외치고 있습니다.

역사적인 밤이 지나자 세상은 달 착륙 이야기로 가득 찼다. 달 착륙은 전 세계의 화제였고, 미국은 온통 축제 분위기였다. 암스트롱과 올드린은 아폴로 11호의 사령선이었던 콜럼비아호 조종사 마이클 콜린스와 함께 영웅으로 떠올랐다. 아이들은 우주 비행사가 되고 싶어 했고, 라디오와 텔레비전에서는 특별방송과 심층 보도가 이어졌다.

신학교도 마찬가지였다. 다들 흥분해서 달 착륙에 관해 이야기하면서도, 여전히 그 사실이 믿기지 않는 눈치였다. 원장 신부님은 교황 바오로 6세가 전날 밤 카스텔 간돌포 천문대에서 한 연설을 게시판에 붙여두었다.

교황 바오로 6세는 망원경으로 달을 관찰한 뒤 바티칸 천문대 소장 대니얼 오코널 신부와 함께 생방송을 지켜보고 이렇게 연설했다.

여기 로마 근교 카스텔 간돌포의 천문대에서 교황 바오로 6세가 우주 비행사 여러분께 말씀드립니다. 우리의 밤과 꿈을 비추는 희미한 빛인 달을 정복한 여러분에게 존경과 인사와 축복을 보냅니다! 여러분들이 생생히 밟고 서 있는 바로 그곳 달에 성령의 소리, 곧 우리의 창조자이자 아버지이신 하느님께 올리는 찬미를 전해주십시오.

신학생들은 점심 식사를 하는 동안 교황의 메시지와 텔레비전에서 본 영상에 대해 이야기했다. 축구 이야기도, 신학 논쟁도 없었다. 오직 달과 우주 경쟁, 앞으로 미국의 계획, 소련을 포함한 나머지 세상이 어떻게 반응하는지가 관심사였다.

"호르헤, 달에 가 본 적 있어?" 옆에 앉아 있던 안드레스가 농담 삼아 물으며 토르텔리니가 담긴 고기수프를 건네주었다.

"아니, 하지만 난 여기도 좋아. 게다가 몇 달 후에 중요한 일이 있잖아."

"드디어 우리 호르헤가 사제가 되는군. 하지만 제3수련기에 어디로 보낼질지 누가 알겠어?" 맞은편에 앉아 있던 또 다른 학생, 프란시스코가 덧붙였다.

"주님만이 아시겠지. 지금은 좀 더 흥미로운 주제인 달에 대해 생각해보자고." 호르헤가 친구에게 물을 따라주며 말을 끊었다.

�֎

당시에는 정말 몇 달 동안 달 이야기만 했어요. 그런 분위기에서도 저는 서품 준비를 해야 했죠. 감실(미사를 거행한 다음 예수의 몸으로 변화된 빵을 보관하는 함. 감실 앞에서 침묵 중에 머무는 것을 성체조배라고 한다.—옮긴이) 앞에서 성체조배를 하면서 주님께 무조건적으로 순종하는 체험도 많이 했습니다. 그러나 미국인들이 개척한 우주라는 영역에서 들려오는 뉴스들과 이 주제에 대한 대화도 계속되었죠.

지구로 돌아온 후 세 우주 비행사는 격리된 상태로 지냈어요. 격리 기간이 끝나고 8월 중순이 되자 닉슨 대통령에게 훈장을 받고 뉴욕, 시카고, 로스앤젤레스에서 퍼레이드를 했던 기억이 납니다. 1969년 10월 중순에는 바티칸에서 교황의 영접을 받기도 했어요. 그날 바오로 6세가 하신 말씀은 제게 큰 감동을 주었습니다. 교황님은 우주 비행사들에게 인간은 미지의 세계를 탐구하고 신비를 알고자 하는 본능이 있지만, 동시에 그에 대한 두려움도 갖고 있다고 말씀하셨어요. 그러면서 그들의 용기 덕분에 그 두려움을 극복할 수 있었고, 이로 인해 인간은 우주를 향해, 더 큰 지식을 향해 한 걸음 나아갈 수 있었다고 덧붙이셨습니다.

저도 당시 약간의 두려움을 느끼고 있었다는 점을 인정해야겠습니다. 저에게 사제직이라는 중요한 일이 기다리고 있었거든요. 앞으로 어떤 일이 일어날지 알 수 없었기 때문에 두려웠습니다. 이게 인간입니다. 그래서 저는 바오로 6세의 이 말씀을 마음에 새기면서 두려움이라는 주제에 대해 묵상했고, 항상 제자들에게 두려워하지 말라고 말씀하신 예수님을 떠올렸습니다. 하느님과 함께하고 형제자매를 사랑한다면 사랑이 모든 것을 이기고 승리할 것입니다. 「요한복음」에서 말한 것처럼 사랑은 두려움을 쫓아내줄 것입니다.

위대한 종교들은 두려움이나 분열을 가르치지 않습니다. 화합과 일치와 관용을 가르칩니다. 반면 두려움은 관계를 마비시키고 서로 간의 신뢰를 위협하며 상대방, 미지의 세계, 다른 사람에 대한 불신을 조장합니다. 누군가는 "하지만 내가 뭘 할 수 있죠? 저는 두려워요. 그건 내 능력 밖입니다"라고 말할 것입니다. 그럴 때 우리는 성령의 은사를 청해야 합니다. 성령은 우리를 두려움에서 풀어주고 마음을 열어주십니다. 성령은 우리에게 가장 어려운 상황, 그리고 낯선 상황에 맞설 힘을 주십니다. 우리가 두려움의 노예로 남는다면, 뭔가 나쁜 일이 일어날지 모른다며 꼼짝없이 두려움에 갇혀 있을 수밖에 없습니다. 그러니 성령의 은사를 청하십시오. 성령의 은사는 조금만으로도 충분하며, 그것으로 모든 것이 잘 될 것입니다.

마침내 제 서품식이 열리게 되었습니다. 서른세 번째 생일을 나흘 앞둔 1969년 12월 13일이었어요. 어머니와 할머니, 형제자매들이 신학교에서 열린 미사에 참석했습니다. 어머니는 미사 후에 제 앞에 무릎을 꿇고 첫 강복을 청하셨어요. 할머니가 사랑과 기쁨이 가득한 눈으로 저를 바라보셨던 게 기억납니다. 하지만 안타깝게도 아버지는 그 자리에 함께하지 못하셨어요. 아버지는 1961년 세 번의 심장 발작으로 숨을 거두셨습니다. 첫 심장 발작은 동생 알베르토와 축구 경기장에 있을 때 일어났고, 그 후 며칠 동안 두 번의 심장 발작이 더 일어났는데, 그렇게 돌아가시고 말았습니다. 포촐리 신부님도 아버지와 같은 해에 우리 곁을 떠나셔서 서품식에 참석하지 못하셨어요. 그해에만 저는 두 번이나 큰 상실감을 느껴야 했죠.

할머니는 당신이 그날까지 살아계시지 못할 거라고 확신하셨던 것 같아요. 그래서 두 해 전이었던 1967년 저를 위해 편지를 써놓으셨는데, 일부는 이탈리아어로, 일부는 스페인어로 쓰셨어요. 그리고 제 서품식 날 선물과 함께 전달해달라고 미리 부탁해두셨죠. 할머니가 편지와 함께 준비해주셨던 선물은 병자성사에 필요한 물건들이 담긴 상자였습니다. 저는 지금도 성무일도 사이에 할머니의 유언과 「우리의 경주Rassa nostrana」라는 니노 코스타의 시, 그리고 할머니의 편지를 소중히 간직하고 있답니다.

로사 할머니는 이렇게 쓰셨어요. "구세주 그리스도를 축성받은 너의 손으로 잡고 가장 심오한 사도직을 위한 긴 여정이 열리게 되는 이 기쁜 날, 물질적 가치는 적지만 영적으로 엄청난 가치를 지닌 이 소박한 선물을 너에게 보낸다."

할머니는 5년 후인 1974년에 돌아가시면서 아름다운 말씀을 남기셨는데, 교황이 된 지금도 저는 가장 어려운 순간에 할머니 말씀을 되새깁니다. "언젠가 슬픔과 질병, 사랑하는 사람을 잃은 슬픔으로 가득 차거든 가장 위대하고 고귀하신 순교자를 모시고 있는 감실 앞에서 큰 숨을 들이키며, 십자가 기슭에 계신 마리아를 바라보거라. 그러면 가장 깊고 고통스러운 상처에 향유 한 방울이 떨어질 거야. 이걸 항상 기억하렴."

할머니는 참으로 위대한 분이었습니다. 할머니는 저에게 갈증을 해소해주는, 살아 있는 믿음의 물이 흘러나오는 샘이었습니다. 할머니는 온화함, 배려, 지혜로 복음을 전해주셨습니다. 신앙은 바로 이런 식으로 태어납니다. 가족적인 분위기에서 모국어로 부르는 친근한 사투리 노래로 전달됩니다. 조부모님은 정말 소중한 신앙의 원천입니다. 우리는 할아버지, 할머니를 양로원에 보내고 말 것이 아니라 항상 보호하고 돌보아야 합니다. 노인을 처분해야 할 대상으로 간주해서도 안 되고, 짐으로 여겨서도 안 됩니다. 우리는 그분들에게 많은 것을 빚지고 있습니다. 그분들은 우리를 키워주었고, 당신들이 먹을 빵을 우리에게 내주셨으며, 격려와 지지로 지금의 우리를 만들어주셨습니다.

하지만 아무리 좋은 가정이라도 할아버지, 할머니가 나이가 들어 거동이 불편해지거나 불평불만이 많아지면 곧바로 양로원에 보내버리는 일이 일어나곤 합니다. 하지만 그분들은 자신이 버려지고 잊힌다 하더라도 자식과 손주들을 위해 끊임없이 기도하고 계실 겁니다. 우리와 함께 하지 못하게 되더라도 그분들은 언제나 우리 곁에 머물러 계십니다. 저 역시 가장 어려운 순간마다 할머니가 항상 제 곁에 계시다는 걸 느낍니다. 특히, 아르헨티나가 가장 어려웠던 시절, 암울한 독재 정권 시절에 할머니가 제 곁에 머물고 있다는 걸 크게 느꼈습니다.

IL GOLPE DI VIDELA
IN ARGENTINA

VI.

비델라
쿠데타

셔츠 차림의 젊은 사제들이 분주하게 신학교를 오가고 있었다. 상자, 가구, 캐비닛, 책, 성물들을 옮기느라 다들 땀투성이었다. 때는 1976년 3월 24일, 이제 막 가을이 시작된 터였다. 부에노스아이레스에는 일상이 이어지고 있었지만, 모두가 입을 다문 채 살아가고 있었다. 1년 가까이 사회 여러 분야에 영향을 미치고 있던 정부와 군대 사이의 의혹들, 그리고 갑작스럽게 시작된 폭력의 분위기 때문이었다.

당시 베르골료 신부는 서른아홉 살로, 약 3년 전부터 아르헨티나 예수회 관구장으로 일하고 있었다. 그는 예수회 관구를 산미겔에 있는 막시모 데 산호세 신학교로 옮기려고 했다. 막시모 데 산호세 신학교는 베르골료 신부가 공부했던 곳이고, 가르치기 시작한 곳이자 마지막에는 원장을 역임한 곳이기도 했다. 아르헨티나 예수회 본부를 옮기기로 결정한 것은 재정 안정화 때문도 있었지만, 성소자가 증가하는 상황에서 이들과 긴밀히 소통하기에는 신학교가 더 적절했기 때문이다.

이사로 분주하던 예수회 회원들은 그 순간까지도 부에노스아이레스 중심부에서 무슨 일이 일어나고 있는지 알지 못했다. 그곳에서는 무장한 군대가 정부를 전복하고 있었다. 쿠데타를 주도한 사람은 호르헤 라파엘 비델라 장군으로, 쿠데타를 일으킨 뒤 해군 수장 에밀리오 마세라 제독과 공군 수장인 오를란도 라몬 아고스티 장군를 동반하여 아르헨티나 대통령으로 취임했다.

혼란이 나라 전체를 휩쓸었다. 헌법은 정지되고, 의회는 해산되었으며, 계엄령이 선포되었다. 라디오와 텔레비전 방송국이 점령되었고 탱크가 거리로 쏟아져 나왔다. 좌파 세력으로 의심되거나 비동맹 노동조합에 가깝다고 의심만 되어도 납치되어 고문을 당했다. 군인들은 번호판 없는 녹색 자동차, 악명 높은 포드 팰컨을 타고 거리를 돌아다녔다.

군사 정권 기간 수만 명의 사람이 실종자, 곧 데사파레시도스가 되었다. 대다수가 젊은이었는데, 이들은 수개월간 고문받고 결국 헬기나 군용기에 태워져 바다에 던져졌다. 때로는 마약을 투약하여 산 채로 바다에 던지기도 했다.

소위 '죽음의 비행'이었다. 그렇게 실종된 사람들의 자녀들 역시 납치되어 정권에 협력하는 가족 손에 맡겨졌다. 이 '더러운 전쟁'으로 많은 사람이 강제로 나라를 떠나야 했고, 정치범으로 붙잡혀 처형당했다.

비델라 쿠데타가 벌어진 바로 그 가을날, 군 순찰차 몇 대가 예수회 신학교 주변을 지나갔다. 베르골료 신부는 순찰차가 주변을 맴돌고 있는 것을 보고도 크게 놀라지 않았다. 빈민가에서 일하는 많은 쿠라스 비예로스curas ville-ros(1960년대 후반 아르헨티나에서 등장한 가톨릭 사제 운동으로, 빈민가나 판자촌에 거주하며 그곳에 사는 사람들에게 헌신하며 사목 활동을 펼치는 사제들을 일컫는 말이다. 프란치스코 교황은 부에노스아이레스 대주교 시절 빈민가 사제단을 제도적으로 창설했다.—옮긴이) 사제들을 공산주의자로 간주해 감시하고 있다는 것을 알고 있었기 때문이다. 군인들은 사제들이 트럭에서 신학교로 상자들을 옮기는 모습을 수상하게 여기고 접근했다.

바로 그때, 군대가 쿠데타를 일으켜 정부가 전복되고 상황이 완전히 바뀔 것이라고는 전혀 상상도 하지 못했습니다. 그래서 우리는 별생각 없이 관구 이사를 마무리하는 중이었습니다. 그런데 군인들이 상자를 보고 다가왔어요. 그들은 우리가 무엇을 하고 있는지, 왜 그곳에 있는지, 상자 안에 무엇이 들어 있는지 알고 싶어 했습니다.

아마도 그들은 우리가 탈출을 계획하고 있거나, 쿠데타 소식을 듣고 위험한 것을 없애려 한다고 생각했던 것 같아요. 하지만 우리는 정말 아무것도 몰랐습니다. 우리는 우리 일에 집중하고 있었을 뿐이었습니다. 다행히도 순찰대 대장은, 제가 예수회 관구장이며 사무실 이사일 뿐이라고 설명했더니 몇 분 후 자리를 떠났습니다. 그날은 무사히 지나갔지만, 쉽지 않은 시기였어요. 위험이 항상 도사리고 있었죠. 정권에 동조하는 이들은 자유를 누렸지만, 그렇지 않은 사람들과 교회 구성원들까지도 박해를 받았습니다. 저는 그 현실을 잘 알고 있었습니다.

1973년 라 리오하 주교 엔리케 앙헬렐리 몬시뇰('나의 주님'이라는 뜻의 프랑스어로, 가톨릭 고위 성직자에 대한 경칭—옮긴이)을 만났을 때 이러한 문제점을 명확히 알 수 있었습니다. 라 리호하에서는 거리의 교회에 대한 박해가 제가 있던 부에노스아이레스보다 훨씬 잔인하게 벌어지고 있었어요. 이 성스러운 목자는 가난한 이들, 토지 소유자들latifondisti에게 착취당하는 농민들campesinos을 위해 살았습니다. 앙헬렐리 몬시뇰은 착취당하는 사람들의 편에서 싸우고 그들에게 봉사했다는 이유로 군부의 표적이 되었습니다. 하지만 그는 제2차 바티칸 공의회의 가르침에 따른 것 뿐이었습니다.

어떤 이들은 앙헬렐리 몬시뇰과 1980년 미사를 집전하던 중 살해된 산살바도르 대주교 오스카르 로메로 몬시뇰이 복음을 마르크스주의에 따라 해석했으며, 좌파 정치 이념에 영향을 받은 해방 신학을 받아들였다고 비난합니다. 하지만 이는 단연코 거짓입니다. 이들은 남미의 많은 사제들과 마찬가지로 제2차 바티칸 공의회가 가르치는 바를 실천했을 뿐이었습니다. 공의회는 교회를 하느님의 백성이라고 정의했는데, 이 개념은 1968년 메델린에서 열린 제2차 라틴아메리카 주교회의 총회에서 다시금 강화되었습니다. 교회는 가난한 이들을 돌보고, 노동자들과 연대하며, 그들의 역사와 문화가 지니는 가치를 인정해야 한다는 개념, 즉 정치가 아니라 그리스도교적 관점에서 복음을 전하는 교회가 새롭게 정의한 개념이었습니다.

그러나 정부는 앙헬렐리 몬시뇰을 국가 전복 세력으로 간주했습니다. 군부 독재 정권은 누구든 가난한 이들과 함께하기만 하면 무조건 공산주의자로 낙인찍었고, 그래서 그는 정권의 표적이 되었습니다. 앙헬렐리 몬시뇰은 독재 정권이 자신을 노리고 있다는 걸 알고 계셨습니다. 그래서 비밀정보국이 당신의 목을 조여 오고 있다는 사실을 깨달은 1975년 어느 날, 자신이 데리고 있던 신학생 세 명을 우리 막시모 신학교에 숨겨달라고 청하셨습니다. 저는 영신 수련 기간이라는 구실로 그들을 꽤 오랫동안 신학교에 숨겨줄 수 있었습니다.

앙헬렐리 몬시뇰은 아르헨티나 주재 교황대사였던 피오 라기 몬시뇰에게 살해 협박을 받고 있다는 사실을 알렸습니다. 하지만 앙헬렐리 몬시뇰은 결국 1976년 8월 4일 아르투로 핀토 신부님과 함께 차를 타고 가던 중 살해당했습니다. 핀토 신부님은 크게 다쳤지만 다행히 목숨은 구할 수 있었습니다. 두 사람이 타고 있던 차가 충돌로 인해 계곡으로 추락했는데, 이 사건은 단순 교통사고로 접수되었습니다. 저를 화나게 한 것은 당시 부에노스아이레스 대교구장이셨던 후안 카를로스 아람부루 추기경이 정권이 제시한 해명을 받아들였다는 점입니다. 하지만 그 시절은 교회도 힘든 시기였어요. 당시 정권에 협력하여 암살을 지시했던 두 명의 전직 군인은 2014년 7월이 되어서야 신원이 밝혀져 종신형을 선고받았습니다.

시간이 지난 뒤 라 리오하에서 온 신학생 세 명은 자신들과 같은 위험에 처한 다른 젊은이들을 돕는데 힘을 썼습니다. 2년간 적어도 20명 정도는 구했던 걸로 기억합니다. 우리는 그들을 신학생이나 영신 수련 참가자인 척했습니다. 끔찍한 일이 많이 벌어졌던 시기였습니다. 저 역시 비밀경호국의 감시를 받고 있던 터라, 전화를 하거나 편지를 쓸 때마다 눈에 띄지 않으려고 조심했습니다. 예수회 회원들에게는 해가 진 뒤에는 절대 외출하지 말고, 혼자 다니지 말라고 했어요. 납치당할까 봐 걱정됐거든요. 그리고 식당에서나 레크리에이션 시간에 다른 사제들, 특히 군목들과 이야기할 때 절대 정치 이야기는 하지 말라고 금지했습니다. 모두 교회에 충실한 것은 아니었고, 우리 신학교 안에도 그런 이들이 있을 수 있다고 생각했어요. 당연히 수련자 숙소인 빌라 바릴라리에서도 야간 수색이 있었지만 우리는 수색을 통과할 수 있었습니다.

당시 저는 당시 아르헨티나에서 탈출해야 하는 한 소년을 돕게 되었어요. 그 소년은 저와 꽤 닮았더군요. 그래서 그에게 사제복을 입힌 뒤 제 신분증을 가지고 탈출하라고 했습니다. 저로서는 큰 위험을 감수했던 일이에요. 만약 발각되면 정부는 그 소년을 죽이고 저를 찾아올 것이 분명했으니까요.

어린 딸과 함께 가난한 사람들 사이에서 살던 세르히오와 아나라는 평신도 교리교사 부부를 기억합니다. 제가 사제가 되기 전부터 알고 지내던 사람들이었죠. 그들은 진정한 가톨릭 가족이었고, 공산주의자도 아니고 체제 전복을 도모하지도 않았습니다. 그런데도 그들을 중상모략을 했고, 세르히오는 갑자기 끌려가 고문을 당했어요. 저는 그가 풀려날 수 있도록 모든 노력을 다했고, 결국 이탈리아 영사 엔리코 칼라마이의 개입 덕분에 풀려날 수 있었습니다. 칼라마이 영사는 많은 사람을 구한 위대한 인물이었어요.

저 역시 독재 시절 중상모략의 희생자였습니다. 사람들은 제가 바호 플로레스 빈민가에서 일하던 오를란도 요리오 신부와 프란시스코 할릭스 신부를 정권에 넘겼다고 비난했습니다. 두 사제는 자신들의 수도회를 설립하려 했고, 저는 관구장으로서 총장 신부를 대신해 그들에게 경고했습니다. 그렇게 되면 그들을 예수회에서 내보낼 수밖에 없다고 말이죠. 실제로 1년 후 그런 일이 일어났고요.

군대가 그들을 급습할지 모른다는 소문이 돌자 저는 그들에게 잠시 빈민가를 떠나 있으라고 조언했습니다. 저는 필요하다면 신학교에 머물러도 된다고 했습니다. 그러나 두 사제는 가난한 사람들과 함께 있기로 결정했고, 결국 1976년 5월 납치당했어요. 저는 그들이 풀려날 수 있도록 백방으로 노력했습니다. 두 형제가 해군에 납치되었다는 소문이 돌았기 때문에 두 번이나 마세라 제독을 찾아가 부탁했습니다. 비델라 장군의 집에서 미사를 거행할 계획을 짜서 그 기회에 비델라와도 이야기를 나눈 적 있습니다. 그리고 다음 날 로마에 있는 페드로 아루페 총장 신부에게 모든 것을 보고했습니다. 저는 아베니다 코리엔테스의 공중전화로 전화를 걸었습니다.

베르골료 신부는 이른 새벽 신학교에서 미사를 집전한 뒤, 눈에 띄지 않게 조심해서 신학교를 빠져나왔다. 그리고 버스를 타고 부에노스아이레스 중심가인 아베니다 코리엔테스로 갔다. 베르골료 신부는 민감한 전화를 해야 할 때면 그곳 공중전화를 사용하곤 했다. 관구의 전화가 도청될까 봐 두려웠기 때문이다. 시내로 가는 버스 안에서 그는 묵주기도를 했다. 무엇보다 군대에 잡혀 있는 두 동료 사제를 위해 기도했다. 중간중간 다른 승객들이 속삭이는 대화가 들렸는데, 자녀의 실종을 슬퍼하는 어머니와 정권의 잔인함에 항의하는 젊은이들의 목소리가 들렸다.

버스에서 내린 베르골료 신부는 주변을 둘러보았다. 차량 확성기에서 시민들에게 경찰 검문 시 행동 요령을 알려주는 소리가 나오고 있었고, 순찰대는 도로를 따라 걸으며 상점을 들여다보고 있었다. 성당 안에도 사복을 입은 정권의 수하들이 앉아서 사제들의 강론을 듣던 시기였다.

베르골료 신부는 전화기에 동전을 넣고 번호를 눌렀다. "총장 신부님, 베르골료입니다."

"호르헤, 목소리를 듣게 되어 기쁩니다. 새로운 소식이 있나요?"

"어제 오후에 비델라를 만났는데…." 순찰대가 자신의

말을 들을까 봐 두려워하며 젊은 관구장이 속삭였다.

"어떻게 비델라를 만날 수 있었던 거예요?" 아루페 신부가 물었다.

"평소 비델라의 집에서 미사를 집전하던 군목에게 병가를 내라고 설득해서 제가 대신 미사를 집전했습니다. 미사를 집전한 후 비델라에게 상황을 이야기하자, 비델라도 사건 해결에 관심을 기울이겠다고 했어요…. 정말 그렇게 되기를 바랍니다."

베르골료 신부는 체포된 두 사제와 관련된 소식이 있을 때마다 관구 사무실에서 멀리 떨어진 공중전화로 예수회 총장에게 보고해왔다. 신부들의 납치 5개월 후 어느 날 신학교에 예상치 못한 전화가 걸려왔다.

베르골료 신부에게 석방을 알린 것은 요리오 신부 본인이었다. 그는 할릭스 신부와 함께 약에 취한 채 부에노스아이레스 중심부에서 차로 한 시간 거리에 있는 카누엘라스에 있는 들판에 버려졌었다. 수개월간의 폭력과 굴욕 끝에 두 사제는 마침내 자유의 몸이 되었던 것이다. 베르골료 신부는 교황청 대사관을 통해 그들이 외교적 보호를 받을 수 있도록 해주었다. 그리고 둘을 아르헨티나에서 내보낼 계획을 세웠다. 그렇게 해서 할릭스 신부는 미국에 있는 어머니에게 갔고, 요리오 신부는 교회법을 공부하러 로마로 가게 되었다.

몇 달이 지난 뒤 베르골료 신부는 교황대사와 공개 채널을 열어둔 채 또 다른 데사파레시도스의 사례를 면밀히 살펴보았다. 그 외에도 베르골료 신부에게는 해결해야 할 문제들이 있었다. 예를 들어 신학교 주변 마을에 있는 아이들은 아무런 보살핌도, 최소한의 교육도 받지 못했기 때문에 토요일 오후에는 아이들을 위해 교리 교육을 해야 했고, 이들을 위해 가끔 축구 경기도 열어주어야 했다. 이렇게 아이들과 친밀하게 지냈기 때문에 예수회를 살레시오회처럼 만든다는 내부 비난을 감수해야 했다.

　　베르골료 신부는 자신에게 속해 있던 사제들의 영적인 건강과 육체적 건강도 생각해야 했다. 일요일은 요리사가 쉬는 날이었기 때문에 점심과 저녁은 직접 준비했다. 그는 로사 할머니와 어머니에게 요리를 배웠다. 동생들이 많았기 때문에 어머니를 도와 식사 준비를 하곤 했다. 과거 에스더에게도 요리 팁을 전수받은 적이 있었다. 어느 날 에스더의 전직 화학 실험실 도우미는 이상한 전화 한 통을 받았다.

✄

　　각자 매우 바쁜 일상을 보내고 있었지만, 그 시절 에스더와 저는 자주 만나곤 했습니다. 저녁식사나 오후 커피 한

잔 할 수 있는 시간이 있을 때면 에스더 집을 방문하곤 했어요. 저는 에스더를 좋아했습니다. 생각하는 법을 가르쳐 주는 분이었거든요.

1976년 9월, 군부는 에스더의 사위를 납치했고 이듬해에는 임신 중이었던 16살 딸 아나 마리아도 잡아갔어요. 정권은 공산주의자인 에스더의 삶과 정치 활동을 잘 알고 있었기 때문에 온 가족을 감시했죠.

그런데 하루는 정말 이상한 전화가 걸려왔어요. 에스더는 평소와 다른 목소리로 저에게 말했습니다. "호르헤, 내 시어머니 에델미라가 곧 떠나실 텐데 병자성사를 해줄 수 있을까?" 에스더와 가족은 모두 무신론자였어요. 그래서 에스더가 전화로 말하지 못할 뭔가가 있다는 것이 느껴졌어요. 그래서 만약을 대비해 할머니가 선물해주신 병자성사 도구들을 챙겨 에스더 집으로 갔지요. 제가 노크를 하자 에스더가 문을 열어주었어요. 제가 들어가자마자 에스더는 미행하는 사람이 없는지 경계하며 급하게 문을 닫았습니다.

저는 조심스럽게 물었습니다. "에스더, 무슨 일이에요?" 에스더는 즉시 모든 것을 털어놓았어요. "호르헤, 그들이 나를 주시하고 있어. 언제 우리 집에 들이닥칠지 몰라. 그들이 내 책들을 찾으면 나도 끝이야." 에스더의 집에는 마르크스 사상에 관한 책, 철학에 관한 책, 군부가 발견하면 즉시 태워버릴 책들이 많았기 때문에 에스더는 제게 책을 숨겨달라고 부탁했어요. 그래서 저는 며칠 동안 에스더의 책들을 가져다 신학교 도서관에 있는 다른 책들 사이에 끼워뒀습니다.

에스더의 딸인 아나 마리아는 4개월 만에 풀려났고, 에스더는 딸들을 데리고 스웨덴으로 가기로 결심했습니다. 스웨덴은 많은 아르헨티나 사람이 피신처로 삼은 곳이었어요. 에스더의 세 딸 중 한 명은 지금도 스웨덴에 살고 있고, 나머지 두 자매는 나중에 아르헨티나로 돌아왔는데, 몇 년 전 그들을 만날 수 있었습니다.

딸들을 안전한 곳에 피신시킨 에스더는 다시 아르헨티나로 돌아왔습니다. 에스더는 오월 광장 어머니회의 초기 회원이었는데, 딸을 되찾은 뒤에도 그 운동을 계속 이어나갔어요. 회원들과 함께 매주 목요일 오후마다 머리에 하얀 수건을 쓰고 거리에서 시위를 벌였습니다.

시위를 벌이는 사람들 사이에 선량한 얼굴을 한 젊은 남자가 끼어 있었는데, 마세라 제독 휘하의 해군 장교 알프레도 아스티스였습니다. 그는 자신을 구스타보라는 이름으로 소개하며, 자신의 형제도 데사파레시도라고 했어요. 그는 짧은 시간 안에 산타크루스 성당에 모인 사람들의 신뢰를 얻었고 여러 비밀 정보도 알게 되었죠.

1977년 12월 경찰이 기습 작전을 벌이기로 한 날, 아스티스가 신호를 보냈고 군대가 그곳에 도착했습니다. 그들은 교회를 나서는 여성들을 연행했습니다. 그렇게 해서 에스더와 함께 오월 광장 어머니회의 또 다른 창립자, 앨리스 도몽과 레오니 뒤케라는 두 프랑스 수녀님이 연행되어 갔어요. 제가 들은 바에 따르면 제 친구 에스더는 고문을 당한 후 비행기에서 던져졌다고 합니다. 너무나 참혹한 일이에요. 저는 납치된 다른 이들을 돕기 위해 뭐라도 하려 했고, 도움을 줄 수 있었지만, 에스더와 수녀님들을 위해서는 아무것도 할 수 없었습니다. 개입할 수 있을 만한 사람들을 찾아 아무리 부탁을 해도요. 아마도 제가 충분히 노력하지 않았나 봅니다.

2005년에 가서야 에스더의 유해가 확인되었어요. DNA 검사 덕분이었죠. 오월 광장 어머니회 설립자였던 마리아 폰세 데 블랑코의 유해도 함께 발견되었습니다. 당시 저는 부에노스아이레스 대교구장으로 있었는데, 그분들이 납치되었던 바로 그 교회 정원에 두 분의 유해를 매장할 수 있도록 승인했습니다. 제가 할 수 있는 최소한의 일이었습니다.

그러나 저에 대한 비난은 최근까지도 계속되었습니다. 일종의 복수 같은 것이죠. 그들도 제가 그 잔학 행위에 얼마나 반대했는지 알고 있는데 말입니다. 이후 언론의 노력 덕분에 침묵을 지키던 목격자들이 진실을 말하기로 결심하면서 저에 대한 비난도 수그러들었습니다.

2010년 11월 8일, 저는 군사정권 시절 범죄에 대한 재판이 이루어질 때 그 일을 잘 아는 증인으로 심문을 받게 되었어요. 당시까지도 저에게 군사정권과의 공모 혐의를 씌우려는 이들이 있었습니다. 심문은 대교구청사에서 4시간 10분간 진행되었습니다. 인권 단체 변호사들과 피해자 가족들의 질문이 쏟아졌어요. 판사 세 명이 참석했는데, 주심은 매우 차분했고 한 명은 내내 입을 다물고 있었으며 다른 한 판사는 공격적이었어요. 심문 중에 요한 바오로 2세 사후에 열린 2005년 콘클라베도 거론되었습니다. 그러면서 바티칸의 누군가가 저를 음해하려고 비델라 정권 시절 있었던 제 행동에 의혹을 제기하는 서류를 유포했다는 가정을 세우기도 했습니다. 물론, 모두 지어낸 이야기입니다. 저나 다른 추기경들에 관한 그런 서류는 없었습니다.

재판관들은 제가 범죄와 연루된 증거가 없으며, 무죄라고 선고했습니다. 바티칸에서 그 판사들 중 한 명을 만날 기회가 있었는데, 처음에는 그를 알아보지 못했습니다. 본 지 너무 오래되었었거든요. 그런데 그가 약속을 잡아달라고 청해 두 번째 만남이 이루어졌습니다. 나중에 몇몇 사람이 당시 아르헨티나 정부가 제 목에 올가미를 씌우려고 온갖 노력을 다했지만 결국 저에 대한 증거를 찾지 못했다고 털어놓기도 했습니다.

저는 그 정권 동안 주님께 많은 기도를 드렸는데, 무엇보다 폭력과 굴욕을 겪은 사람들에게 평화를 달라고 청했습니다. 독재는 악마 같은 것입니다. 저는 그것을 제 눈으로 직접 보았습니다. 그것은 한 세대를 대량으로 학살하는 사건이었습니다. 당시 저는 제 동료 형제들에게 무슨 일이 일어날지 모른다는 두려움 때문에 몹시 불안했고, 많은 고통을 겪었습니다.

다행히 1983년 10월 민주적인 선거를 통해 아르헨티나의 상황이 바뀌었습니다. 그리고 제게도 변화가 찾아왔습니다. 관구장으로서의 임무를 마치고 산미겔로 돌아와 본당 신부 겸 막시모 데 산호세 신학교 원장으로 일하게 되었거든요. 그러다가 1986년 독일로 유학을 떠나게 되었죠.

VII.

신의 손

마라도나! 마라도나! 믿을 수 없는 마라도나의 골로 아르헨티나는 잉글랜드에 1 대 0으로 앞서게 되었습니다! […] 영국 선수들은 심판에게 항의하는군요. 그들 모두 손을 가리켰지만… 골은 확정되었습니다! 무슨 일이 일어났는지 보려면 비디오를 확인이 필요합니다. […] 비디오를 확인해봤습니다. 다시 보니 마라도나는 머리가 아닌 주먹으로 공을 밀어 넣은 것처럼 보이는데요. 그런데도 마라도나는 주먹을 들고 기뻐하고 있으니… 믿을 수 없군요.

거실 텔레비전에서 함성과 박수 소리가 들려왔지만 창밖 거리에는 침묵만 가득했다. 독일에서 마라도나가 골을 넣은 그 경기를 본 사람이 그리 많지 않았다. 하지만 슈미트 가족은 그 방송을 지켜보고 있었다. 그 집은 베르골료 신부가 독일 유학 중 홈스테이를 하던 집이었다. 49세의 베르골료 신부는 독일어 공부를 하면서 신학자 로마노 과르디니에 관한 박사 학위 논문을 마무리하던 중이었다.

1986년 6월 22일, 열성적인 축구 팬인 베르골료 신부는 피베 데 오로pibe de oro(황금 소년이라는 뜻, 마라도나의 별명—옮긴이)의 경기를 놓치고 싶지 않았다. 10번 유니폼을 입은 마라도나는 부루차가, 발다노와 함께 수백만 아르헨티나 국민을 꿈꾸게 만들었다. 하지만 베르골료 신부는 텔레비전을 멀리하고 책 속에 머물러야만 했다. 대신 슈미트 가족이 경기를 지켜보고 있었다. 그들도 다른 독일인들과 마찬가지로 아르헨티나 경기에는 별로 관심이 없었지만, 집에 머물고 있던 세입자 신부님에 대한 애정으로 경기를 보고 결과를 알려주려 했다.

마라도나의 첫 골 이후 재개된 경기는 긴장감이 팽팽했다. 하지만 긴장도 잠시, 55분 경 마라도나는 미드필드에서 번개처럼 빠르게 질주하며 상대 선수들을 제친 뒤 세기의 골로 기록되는 골을 또 넣었다. 2 대 0으로 아르헨티나가 준결승전에 점점 가까워지는 듯했다.

멕시코시티의 아스테카 경기장 관중석에서도 박수갈채가 이어졌다. 14만 명의 관중이 운집했지만, 영국 팬들의 휘파람 소리가 무엇보다 크게 들렸다. 영국 팬들이 보기에 첫 골은 반칙이었다. 사실 두 팀 사이의 긴장감은 경기가 시작하기 전부터 잔뜩 고조되어 있었다. 1982년 발발한 포클랜드전쟁의 상처가 아직 아물지 않았을 때였다. 이런 분위기에서 후반전 시작 6분만에 마라도나가 자신의 방식으로 찬물을 끼얹자 잉글랜드의 기세는 더욱 꺾이게 되었다.

경기가 끝난 뒤 마라도나는 카메라 앞에서 유니폼에 입을 맞춘 뒤 자신을 둘러싼 마이크에 대고 그 논란의 골에 대해 언급했다. "조금은 마라도나의 머리로, 조금은 신의 손으로."

⚔

처음 몇 초간은 골이 반칙일 거라고 생각하지 못했어요. 그런데 잉글랜드 선수들은 심판에게 마라도나가 손으로 공을 넣었다고 항의하기 시작했습니다. 비디오 판독으로 마라도나가 머리가 아니라 주먹을 사용했다는 사실을 확인할 수 있었죠. 그런데 주심은 이 사실을 인지하지 못하고 골을 그대로 인정해버렸습니다.

이 일을 두고 논쟁이 벌어졌어요. 아르헨티나뿐만이 아니라 전 세계 신문의 메인을 장식했죠. 몇 년 전 바티칸에서 마라도나를 접견한 적이 있습니다. 우리는 많은 주제에 대해 이야기를 나눴어요. 평화에 관한 이야기도 있었고요. 마라도나가 떠나기 전에 저는 그에게 농담을 던졌어요. "그래서, 누구 손이 유죄인가요?"

마라도나는 위대한 선수였다고 인정할 수밖에 없습니다. 그는 '세기의 골'이라고 불리는 그 경기의 두 번째 골과 같이 역사에 남을 골을 무수히 넣었습니다. 그러나 공에 대한 이러한 자신감 이면에는 일상생활에서 그가 보였던 연약함이 감추어져 있었던 것 같아요. 우리는 마라도나가 인생의 마지막 몇 년 동안 보여준 많은 문제 속에서 그의 연약한 모습을 발견할 수 있습니다. 이는 그를 사랑하던 아르헨티나의 팬들, 그리고 나폴리에서 그가 이루었던 승리 가득한 순간들을 잘 알고 있던 이탈리아 팬들 모두에게 큰 고통이 되었죠.

너무 바빠서 어쩔 수 없거나, 일부러 텔레비전을 멀리하려고 할 때를 제외하면 1986년 월드컵 경기를 챙겨보려고 했던 기억이 납니다. 당시 저는 인구 1만 5000명의 작은 마을 보파드에 있는 괴테 어학원에 다니고 있었어요. 우리 학생들은 몇몇 가정에서 홈스테이를 했는데, 슈미트 부부의 집도 그중 하나였습니다. 부인인 헬마는 동종요법 의사였고 남편은 전통적인 의학에 몸담은 의사였는데 자녀들은 독립하고 부부만 살고 있었습니다. 슈미트 부부는 돈보다도 말동무가 필요했던 것 같아요. 그들은 독실한 가톨릭 신자였는데, 헬마는 매일 오후 제가 방에서 집전하는 미사에 참석하러 왔어요. 그들은 저를 저녁 식사에 초대하기도 했는데, 우리는 시사 문제부터 국제정치, 스포츠에 이르기까지 다양한 이야기를 나누곤 했죠.

6월 29일 아르헨티나와 서독이 맞붙은 결승전은 일부러 보지 않기로 결심했어요. 슈미트 부부의 집에 있는 것보다 강가를 산책하는 게 좋겠다고 생각했습니다. 저 자신을 위한 시간을 갖고 싶었던 것 같아요. 오십의 문턱에 들어선 제 삶을 되돌아보며 묵주기도를 바치고, 주님께서 저에게 베풀어주신 것에 감사하는 시간을 갖는 것도 좋겠다 싶었습니다.

제가 집으로 되돌아갔을 때 열렬한 독일 팬이었던 슈미트 박사가 씁쓸한 표정으로 "너희가 챔피언이 될 것 같은데…"라고 말했죠. 우리가 2 대 0으로 이기고 있었거든요. 저는 소식을 전해주셔서 감사하다고 대답하고는 결과를 지켜보지 않고 잠자리에 들었습니다. 다음 날 아침 일어나자마자 신문에서 우리가 3 대 2로 승리했고, 마라도나가 목마를 타고 우승컵을 들어 올렸다는 기사를 읽었습니다!

어학원에 도착했을 때 일본인 친구가 저를 보고 요란하게 축하 인사를 건넸습니다. "너희가 챔피언이네! 너희가 챔피언이야!"그런데 교실의 다른 친구들은 입을 다물고 있었습니다. 거기에는 영국 학생들도 있었는데, 그들의 반응을 충분히 이해할 수 있었습니다. 프랑스와 이탈리아 학생도 많았고요. 일본인 친구는 칠판에 크게 "아르헨티나 만세"라고 썼어요! 저는 매우 기뻤습니다. 하지만 선생님이 곧 오셨습니다. 선생님은 그 글을 보자마자 "지우세요"라고 했습니다. 그 어학원은 예의를 지키는 게 중요했는데, 그것도 다른 학생들이 저에게 아무 말도 하지 않은 이유 가운데 하나였던 것 같아요. 아니, 저는 그렇게 생각하고 싶었어요. 하지만 그 순간 저는 정말 외롭고, 낯선 곳에 있다는 게 크게 느껴졌습니다. 저는 제가 알지 못하던 곳으로 보내졌고, 아르헨티나에 대한 향수가 너무 컸습니다.

비록 그 기쁨을 온전히 나누지는 못했지만, 우리가 세계 챔피언이 되었다는 사실은 여전히 큰 감동이었어요! 1946년 아르헨티나 축구 선수권 대회에서 산로렌소가 우승한 시즌이 떠올랐어요. 당시 저는 어렸지만 우리 '삼총사'가 우승컵을 들어 올렸을 때 모두가 좋아했던 기억이 지금도 생생합니다. 들어보셨겠지만, 축구 경기 중에는 욕설이 난무합니다. 팬들은 심판을 욕하고 선수들도 "돈 먹은 것 아냐?"라며 심판을 욕하곤 하죠. 하지만 경기가 끝나면 악수를 하고 다시 친구가 됩니다. 물론 경쟁이고, 이기는 게 우선이지만 건강하고 정직한 경쟁, 서로를 안아주는 온정, 이것이 바로 스포츠의 의미일 것입니다. 저도 살레시오 회원들에게 그렇게 배웠어요.

어렸을 때 그랬던 것처럼 헝겊 공으로 길거리에서 뛰어도 고귀한 스포츠라는 것을 잊지 말아야 합니다. 우리는 스포츠 정신이 바로 이러한 길, 단순하고 건강한 길을 따라 성장한다는 사실을 받아들여야 합니다. 아르헨티나 영화의 선구자인 레오폴도 토레스 리오스 감독이 만든 '헝겊 공'이라는 뜻의 〈펠로타 데 트라포〉가 생각납니다. 10대 때 본 영화인데, 진짜 가죽 공을 갖는 걸 꿈꾸지만 길거리에서 축구를 하며 현재 가진 것에 만족하는 아이들의 이야기입니다. 돈 보스코 성인은 아이들을 모으고 싶다면 헝겊으로 만든 공이라도 충분하다고 말씀하셨습니다.

스포츠는 단순하지만 아이들을 타락에서 구할 수 있고, 불행한 가족 문제에서 벗어날 수 있도록 도와줍니다. 특히 가난한 지역에서 스포츠는 어려운 상황에 처한 젊은 이들이 자신의 어려움을 축구공과 함께 뻥 차버릴 수 있는 일종의 돌파구가 될 수 있습니다. 오라토리오는 많은 젊은 이를 거리에서 구하고 청소년기에 겪을 수 있는 일탈에 대한 대안으로 탄생한 것입니다.

젊은 시절 스포츠를 즐기는 것도 하나의 축복입니다. 스포츠는 고귀한 것이기 때문입니다. 모두가 스포츠 활동을 할 수 있도록 열려 있어야 합니다. 그래서 사람들이 스포츠를 즐기며 경기와 골, 그리고 승리로 흥분할 때 저도 항상 기뻐합니다. 열정을 위해, 즐기기 위해 스포츠를 해야 하고, 스포츠를 하나의 놀이라고 생각해야 합니다.

지금은 스포츠 업계가 스폰서와 같이 경쟁적이고 전문적인 영역으로 넘어가면서 상업적인 측면도 많아진 것이 사실입니다. 물론, 모든 것이 적절히 윤리적인 방식으로 이루어진다면 그것도 나쁘지 않습니다. 중요한 것은 스포츠 정신과 무관하게 돈이라는 비뚤어진 논리가 만연해서는 안 된다는 것입니다.

독일어 수업은 평소보다 일찍 끝났다. 선생님은 학생들에게 일찍 끝내서 미안하다며 다음 날 보충하겠다고 약속했다. 베르골료 신부는 친구들과 작별 인사를 한 뒤 슈미트 부부의 집으로 곧장 가는 대신 30분의 여유를 이용해 어제 갔던 강가로 돌아가 묵주기도를 바치기로 했다.

독일 시민들은 준우승에 아쉬워하며 월드컵 장식물을 철거했다. 발코니와 창문에는 여전히 독일 국기가 남아 있었지만 장식 리본, 피리, 축구 팀 셔츠 같은 것들은 이미 매대에서 사라지고 있었다.

강가에는 어머니와 함께 나온 아이들이 있었다. 아이들은 당시 아이들 사이에서 유행하던 땋은 머리를 하고, 서독 대표 팀 유니폼을 입고 노란색 스펀지 공을 가지고 놀고 있었다. 아이들 팔에는 독일 국기가 그려져 있었다. 큰아이가 말했다. "나는 루메니게야." 그리고 동생의 어깨를 만지며 덧붙였다. "넌 마테우스야."

베르골료 신부는 아이들이 자신이 좋아하는 축구 선수에 이입하며 노는 걸 보고 미소를 머금으며 말했다. "난 아르헨티나 사람인데, 어떤 선수를 할까?" 안타깝게도 두 아이는 이 상황을 받아들일 수 없었다. 큰아이는 욕을 했고, 작은아이도 따라 했다. 어머니는 당황해서 사과했다.

"걱정하지 마세요, 어머니. 아이들이 나라를 사랑한다는 뜻이니까요! 나중에 커서 훌륭한 축구 선수가 되겠는데요." 베르골료 신부는 다정하게 대답하며 가방에서 성화 카드 두 장을 꺼내어 아이들에게 나눠주고 산보를 계속했다.

강가는 사람들로 붐비고 있었는데, 그 사이에 공중전화가 있었다. 베르골료 신부는 동생 마리아 엘레나에게 전화를 걸고 싶었지만, 그 시간에는 집에 없을 걸 알고 있었다. 그래서 월드컵 우승을 축하하고 있을 부에노스아이레스의 친구들을 떠올렸다. 슈미트 부부의 집으로 돌아가야 할 시간이지만, 다행히 아직 몇 분 남아 있었다.

베르골료 신부는 수화기를 들고 전화 카드를 꽂은 다

음 화학 실험실 시절부터 알고 지내던 오스카르에게 전화를 걸었다. 통화가 연결되자마자 반가움을 감추지 못하고 물었다.

"잘 지냈어, 오스카르? 어제 결승전 봤지?"

"호르헤! 야, 여기 모두 미쳐 있어. 한숨도 못 잤다니까. 세상에, 밤새도록 불꽃놀이하고 폭죽 터트리고 경적 울리면서 축하 파티를 했지."

"다들 행복해하지? 난 경기 못 봤는데…."

"그래. 그런데 마라도나는 경기가 끝날 때 '신의 손' 때문에 몇 번 항의를 받았어. 다행히도 마라도나는 엘 라타처럼 대응하지 않았지. 엘 라타, 너도 기억하지?"

그러자 베르골료 신부의 뇌리에서 아직 서른도 되지 않았을 때 있었던 오래전 기억이 불현듯 되살아났다.

'엘 라타', 즉 '쥐'는 아르헨티나 대표 팀 선수 안토니오 라틴의 별명이었어요. 저는 1966년 7월 23일 웸블리 경기장에서 열린 월드컵 경기를 생생하게 기억합니다. 8강전에서 아르헨티나와 개최국 잉글랜드의 경기가 있었는데, 흥분이 계속 고조됐죠. 주장이자 등번호 10번을 달고 있던 라틴이 경미한 반칙을 했는데 독일 주심에게 주의를 받았어요. 라틴은 짜증을 냈죠. 그런데 심판이 아르헨티나의 다른 선수에게 또 주의를 주자 라틴은 스페인어로 강하게 항의했어요. 심판은 그의 말을 알아듣지 못했던 것 같아요. 심판은 라틴이 흥분하자 경기장을 떠나라고 했습니다. 그때부터 카오스가 시작됐어요. 아르헨티나 팬 중 누구도 그 결정을 받아들일 수 없었거든요.

엘 라타는 나가기를 거부했고, 자신이 퇴장당하는 이유를 알고 싶어 했어요. 그러나 이 일을 명확히 설명해줄 통역사가 없었어요. 그렇게 경기가 10분 이상 중단되었습니다. 정장을 입은 운영 요원들이 경기장에 들어와 그를 끌어내려 했지만 소용이 없었어요. 결국 사람들의 설득으로 엘 라타는 경기장에서 나가게 되었는데, 라커 룸으로 들어가는 동안 영국 팬들의 거센 야유를 받았습니다. 흥분한 엘 라타는 영국 대중을 자극하는 행동을 했는데, 로열 박스 아래, 여왕을 위해 깔아놓은 레드 카펫 위로 걸어간 거죠. 그리고 영국 왕실 깃발로 다가가더니 그것을 구겨버렸어요.

양쪽 사이의 감정이 격해졌고, 안타깝게도 건전한 즐거움을 누려야 할 시간이 변질되어버렸습니다. 1986년 마라도나 때는 상황이 달랐습니다. 하지만 그런 불쾌한 순간은 계속 벌어집니다. 2022년 카타르 월드컵에서도 그랬죠. 결승전이 끝날 무렵 일부 프랑스 팬들이 아르헨티나의 골키퍼 에밀리아노 마르티네스에게 야유를 퍼부었고, 이에 대해 마르티네스가 불쾌한 몸짓으로 대응했다는 이야기를 읽은 적이 있습니다. 8강전 아르헨티나 대 네덜란드 경기에서는 경기장 안에서 충돌이 벌어지기도 했죠. 저는 이런 것들이 너무 싫습니다. 경기가 끝나면 경기장은 모두를 위한 축제의 장이 되어야 합니다. 논쟁이 없어야 하고, 패배한 팀은 위로를 받으며 승리한 팀을 포용하는 축제여야 합니다. 원한이 아닌 스포츠 정신이 있어야 합니다.

저는 이제 텔레비전을 보지 않기 때문에 지난 월드컵도 보지 못했습니다. 그 이유는 나중에 설명하겠습니다. 결승전이 치러지고 있을 때 저는 한 항공사의 비행기 조종사들과 함께 있었어요. 그중 한 명이 저에게 "아르헨티나가 2 대 0으로 이기고 있으니 이제 우승컵은 거의 아르헨티나 거네요"라고 말했어요. 하지만 아르헨티나는 승부차기까지 가서야 승리할 수 있었습니다. 프랑스가 매우 강했기 때문에 쉽게 이길 수 없었던 거죠. 이 점에 대해 많이 생각해보았습니다. 비슷한 일로, 8강전에서 아르헨티나는 네덜란드를 2 대 0으로 이기고 있었어요. 그런데 결국 시합은 승부차기로 끝이 났죠. 우리가 먼저 리드하는데, 마지막에는 따라잡히고 말죠.

이건 아르헨티나 사람들의 특징인 것 같아요. 격정적

으로 일을 시작하지만 꾸준하지 못해서 끝까지 가는 데 어려움을 겪는 거죠. 우리 아르헨티나 사람들은 승리를 눈앞에 두고도 후반에 패배할 위험이 있다고 생각합니다. 그런 일관성 부족은 축구뿐만 아니라 일상에서도 마찬가지예요. 무언가를 끝내기 전에 심하게 흥분해서 원하는 결과를 얻지 못할 때가 많습니다. 그래도 다행스러운 점은, 결국에는 그 문제를 해결하고 만다는 거죠.

독일에 있을 때 이야기로 거슬러 올라가면, 월드컵 우승과 마라도나의 '신의 손' 외에도 기억나는 것이 또 있습니다. 독일에서 저는 매듭을 푸시는 성모님에 깊이 헌신하며 살았습니다. 부에노스아이레스에 있을 때〈매듭을 푸시는 동정 마리아 Virgen Maria Knotenlöserin〉라는 그림에 대해 들어본 적이 있었습니다. 천사들에 둘러싸인 성모님이 매듭을 푸시려는 모습을 묘사한 그림으로, 독일 바이에른주 아우크스부르크의 페를라흐에 있는 옛 예수회 성 베드로 성당에 보관되어 있었습니다. 안타깝게도 저는 그곳에 한번도 가보지 못했습니다. 제 일정이 허락했더라면 그 그림 앞에서 기도하며 당시 제가 풀고 싶던 삶의 매듭을 묵상할 수 있었을 겁니다. 저는 관구장의 동의하에 안식년을 보내고 있었지만 여러 논란과 죄, 차이, 극복할 수 없을 것 같은 장애물이 가득했거든요.

하지만 그 모든 문제에도 불구하고 저를 기다리시는

주님과 성모님의 현존을 느낄 수 있었습니다. 성모님은 제 마음의 문 가까이에 머물면서 어머니만이 가질 수 있는 인내심으로 제 불평을 들어주셨습니다. 뿐만 아니라 저는 제 자신을 온전히 성모님께 맡겼고 성모님께서 제가 매듭을 풀도록 도와주신다고 느꼈습니다. 이는 저만이 아니라 모든 사람에게 해당하는 일입니다. 마리아에게 자신을 봉헌하는 일은 그래야 합니다. 그 봉헌은 맑고, 아름답고, 깨끗하고, 단순해야 합니다. 모든 것 앞에 마리아와 그분의 아드님 예수를 두어야 합니다. 사람들의 솔직함이나 약점을 이용해 이익을 취하는 중개자들 없이 말입니다.

어느 날 저는 이 그림이 그려진 상본을 꽤 많이 발견했습니다. 독일에서의 생활을 마치고 부에노스아이레스로 돌아갈 때 그 상본들을 가져갔지요. 그걸 친구, 신자, 지인들에게 나눠줬어요. 매듭을 푸시는 마리아 그림은 부에노스아이레스 교회들로 퍼져 나가, 성모님 공경을 더욱 강화하면서 많은 신자를 끌어들이고 있습니다.

고국으로 돌아온 저는 부에노스아이레스에 있는 살바도르 학교에서 다시 일상을 시작했습니다.

VIII.

베를린장벽의
붕괴

작은 방에 바그너의 선율이 흘렀다. 한스 크나퍼츠부슈가
지휘하는 〈파르지팔〉이었다. 52세의 베르골료 신부는 부에
노스아이레스 중심가에 있는, 예수회가 운영하는 살바도르
학교의 사무실에서 오후 업무를 보는 중이었다.

베르골료 신부에게는 일종의 복귀라 할 수 있었는데,
1966년 이곳에서 문학과 심리학을 가르친 바 있었기 때문
이다. 그는 독일에서 돌아온 뒤 학교 옆에 있는 살바도르 성
당에서 고해신부로 일했다. 1973년부터 1979년까지 베르
골료 신부를 도와 부관구장으로 일하던 빅토르 조르징 신
부가 새 관구장이 되었는데, 아르헨티나 예수회 전체를 관
장하던 베르골료 신부에게는 아주 작은 임무를 부여하기

로 결정했기 때문이다. 베르골료 신부는 그의 결정에 순명했다.

그럼에도 베르골료 신부는 바쁜 나날을 보내고 있었다. 당시 아르헨티나 예수회 신학 잡지 《스트로마타Stromata》에 기고한 글로 동료 사제들 사이에서 유명해졌기 때문이다. 1980년대 후반 베르골료 신부는 기고문을 쓰고, 전국에서 강연을 했으며, 영성 피정을 이끌었다. 그 가운데 무엇보다 의미 있었던 일은 민중 신학의 선도자이자 막시모 신학교의 새 원장 에르네스토 로페스 로사스 신부가 그에게 사목 신학 강의를 맡긴 것이다.

로페스 신부는 베르골료 신부를 오랫동안 잘 알고 있었다. 아르헨티나 형제들의 영적 지도자였던 미겔 앙헬 피오리토라는 예수회 신부가 있었는데, 그 주변에 여러 사람이 모여들었었고, 둘도 거기 포함되어 있었다. 그때부터 둘은 사목과 성직자의 사회적 역할에 대해 토론하며 대중에 관심을 기울여야 한다는 생각을 공유해왔다.

〈파르지팔〉을 배경으로 로마노 과르디니와 성 아우구스티노의 책에 푹 빠져 있던 베르골료 신부는 이따금 창밖을 내다보았다. 아이스크림 트럭의 달콤한 소리에 이끌리기도 했고, 반바지 차림의 시끄러운 학생들이 배회하는 모습을 보기도 했다. 학교 맞은편 시장에는 새로 나온 수영복이 진열되어 있었고, 카야오 대로의 나무들은 꽃을 피우고 있었다. 여름이 목전에 다가온 1989년 11월 9일이었다. 그 순간 전화벨이 요란하게 울렸다.

"호르헤 신부님, 빨리 텔레비전을 켜보세요."

전화한 사람은 베르골료 신부와 1977년부터 알고 지내던, 예수회 신학생 기예르모 오르티스였다. 베르골료 신부가 예수회 아르헨티나 관구 책임자로 있을 때, 기예르모는 예수회원이 되기를 꿈꾸던 학생이었다. 1980년대 초 두 사람이 다시 만나게 되었는데, 한 사람은 예수회 수련자가 되어 있었고, 다른 한 사람은 막시모 신학교 원장이자 산호세 성당의 본당 사제가 되어 있었다. 기예르모 신학생은 당시 돼지, 양, 소 같은 동물을 돌보는 일을 맡고 있었고, 동네 아이들을 모아 주일 미사에 데려오는 일도 담당했다. 베르골료 신부는 사제들이 거리로 나가길 열망했다. 예수회 회원들은 본당이 관할하는 세 지역, 즉 라 마누엘리타, 콘스탄티니, 돈 알폰소를 넘어 사람들 사이, 특히 가장 가난한 사람들 사이에 머물러야 했기 때문이다. 다시 말해 그들은 본당 최전선에서 헌신하며 전방위적인 영역에서 대중적인 종교인으로 살아야 했다.

"시간이 있으면, 방송에 나오는 걸 보세요. 정말 믿을 수가 없습니다."

기예르모의 말에 베르골료 신부는 수화기를 내려놓고 전축 플러그를 뽑은 다음 텔레비전 시청실로 달려갔다. 텔레비전에서 나오고 있는 장면은 정말 놀라웠다. 독일에서 온 영상이었다. 동베를린 사람들이 거리로 쏟아져 나와 냉전의 상징인 장벽을 넘고 있었다. 독일 사회주의통일당 중앙위원회 서기가 기자 회견을 열었다가 기자들의 질문에 당황해, 이제는 규정에 있는 조건을 충족하지 못해도 독일 민주공화국의 국경을 넘을 수 있다고 발표하자 국경 사이의 문들이 갑자기 열리게 된 것이다. 그렇게 카오스가 시작됐다. 곡괭이 등으로 무장한 젊은이들이 벽을 무너뜨리기 시작했고, 온 가족이 차에 올라타 국경으로 가는가 하면 어떤 사람들은 걸어서 국경을 넘었다. 어떤 사람들은 검문소를 통과하지 않고 고통과 죽음을 초래하던 장벽을 넘어가기로 결심하고, 실행에 옮겼다.

군중은 공산주의 독일의 상징으로 변한 브란덴부르크 문에 도착했다. 1963년, 이곳에서 조금 떨어진 쇠네베르크 시청 앞에서 존 F. 케네디 미국 대통령은 "자유인이면 누구나 어디에 살든 베를린 시민입니다. 따라서 나도 자유인으로서 베를린 시민입니다. 저는 이 말에 자부심을 느낍니다"라는 유명한 말을 남긴 바 있다. 그는 독일어로 "나는 베를린 시민입니다"라고 말했고, 하얀 손수건을 흔드는 군중의 박수를 이끌어냈다.

1989년 그날 오후, 우리 눈앞에서 역사가 펼쳐지고 있었습니다. 저는 텔레비전을 통해 상상도 할 수 없었던 인상적인 장면을 목격했습니다. 춤을 추는 젊은이들, 건배하는 사람들, 서로 포옹하는 낯선 사람들, 눈물을 흘리는 가족을 보았습니다. 자유를 되찾고 억압과 폭력의 종말을 경험하는 정말 감동적인 순간이었죠.

이어서 고르바초프의 페레스트로이카로 인해 소련도 곧 붕괴하게 되었습니다. 고르바초프는 소련 역사상 가장 위대한 정치인 중 한 명이었습니다. 그는 소련 국민에게 새로운 고통을 안겨주지 않으려고 개혁을 시행한 위대한 사람이기에 저는 그를 매우 존경했습니다. 저는 고르바초프의 딸과 아내 라이사를 잘 기억합니다. 라이사는 훌륭한 철학자이자 훌륭한 사람이었죠!

베를린장벽이 무너지는 장면을 보면서 너무나 오랫동안 잃어버렸던 유럽의 평온을 되찾고 있다는 사실에 매우 기뻤습니다. 하지만 아르헨티나에서는 그 사건에 그리 큰 관심을 기울이지 않았어요. 처음 며칠간의 외신 보도를 제외하면 텔레비전에서 관심을 보이는 주제가 아니었습니다. 당시 관심은 국내 정치에 집중되어 있었습니다. 사실 몇 달 전 정의당의 카를로스 메넴 후보가 대통령 선거에서 승리했는데, 그가 시리아 이민자의 아들이자 나라에서 가장 가난한 지역 중 하나인 라 리오하 출신이었기 때문입니다. 당시는 시민의 삶을 개선하기 위해 민주적 문화를 구축하고, 연대에 기반한 새로운 정치를 발견해야 할 때였거든요. 새로운 대통령이 국민을 위해 무엇을 할 수 있을지를 두고 많은 논의가 있었습니다.

하지만 저처럼 유럽에 친척이 있는 사람들은 독일에서 들려오는 소식, 즉 전 세계의 이념적 분단의 상징인 베를린장벽이 마침내 무너졌다는 소식에 다른 사람들보다 많은 관심을 기울였습니다. 베를린장벽 붕괴는 갑작스럽게 이루어졌기 때문에, 우리는 그 장면을 보고 깜짝 놀랄 수밖에 없었습니다. 물론, 그러한 역사적 사건은 수많은 사람의 투쟁과 고통, 심지어 목숨까지 희생한 공로가 쌓여서, 곧 수년에 걸친 많은 이의 헌신 덕분에 가능했습니다. 또한 모두의 기도 덕분이기도 합니다. 저는 1987년 부에노스아이레스에서 열린 세계 청년의 날을 맞아 교황대사 덕분에 요한 바오로 2세를 만났는데, 그분이 하신 역할을 떠올리지 않을 수 없습니다. 교황님의 말씀과 카리스마는 사람들이 모여 자유를 위해 싸울 수 있는 힘을 주었습니다.

베를린장벽은 오랜 시간과 노력, 과정을 거쳐 드디어 무너졌습니다. 하지만 여전히 세계 곳곳에는 이보다 덜 알려진 수많은 장벽이 놓여 있습니다. 장벽이 있는 곳에는 닫힌 마음이 있고, 형제자매의 고통이 있으며, 민족 간의 분열이 있습니다. 이렇게 분열되면 우정과 연대가 부족해집니다. 우리는 피로 모든 사람을 하나로 묶으신 예수님의 모범을 따라야 합니다.

물리적인 벽만 있는 것이 아닙니다. 우리가 누군가와 평화롭게 지내지 못할 때, 바로 그곳에 우리를 갈라놓는 벽이 존재하는 셈입니다. 장벽 대신 서로를 잇는 다리가 놓인다면 세상은 얼마나 아름다울까요? 그런 세상이 된다면 사람들이 함께 모여 형제애를 나누고 불평등은 줄어들며 자유와 권리가 늘어날 것입니다. 벽이 있는 곳에는 마피아와 범죄자, 사람들의 약점을 이용하고 공포와 외로움에 시달리게 하는 부정직한 사람들이 득세합니다. 우리는 그리스도인입니다. 그렇기 때문에 우리는 이기심과 개인적이거나 국가적 이익의 벽을 넘어 국경과 한계를 초월하여 조건 없이 이웃을 사랑해야 합니다. 우리는 증오와 편협함을 증폭시키는 이념의 울타리를 넘어서야 합니다.

베를린장벽이 무너지는 순간으로 돌아가면, 텔레비전에서 방영되는 역사적인 장면을 보면서 가장 인상적이었던 장면은 엄청난 고통을 직접 경험하면서 오랫동안 그 순간을 기다려온 노인들이 보여주던 진정성과 온화함이었습니다. 어느 인터뷰에서 한 노인은 철의 장벽을 넘은 후 너무 감동해서 말을 할 수도 없었지만 눈물을 감출 수도 없었다고 말했습니다.

예수님처럼 그들은 우는 것을 두려워하지 않았습니다. 복음에서 주님은 죽은 친구를 위해 눈물을 흘리셨고 목자가 없는 군중을 보며 가슴 아파하셨으며, 가난한 과부가 아들과 함께 묘지로 가는 것을 보고 마음속으로 울었다고 합니다. 우는 법을 배우지 않으면 좋은 그리스도인이 될 수 없습니다.

베르골료 신부는 텔레비전 방송을 지켜본 후 저녁 식사 전에 쓰고 있던 원고를 완성하려고 방으로 돌아왔다. 해야 할 다른 일들도 있었는데, 우선 산타페에 있는 인마쿨라다 콘셉시온 학교에 있을 때 가르치던 제자가 보낸 편지에 답장을 써야 했다. 베르골료 신부는 그 편지를 책 더미 위에 눈에 잘 띄게 놓아두었었다. 제자가 며칠 동안 답장을 기다렸을 것이고, 더 기다리게 하고 싶지 않았기 때문이다. 교직에 몸담은 이후에도 그는 그에게 문학과 심리학을 배웠던 학생들과 여전히 전화나 편지를 주고받으며 연락을 이어가고 있었다.

그 제자 중 하나였던 호세는 긴 편지를 보냈는데, 그는 교실에서 보르헤스와 만났던 사건을 회상했다. 보르헤스는 베르골료 신부가 학생들을 위해 초청했던 작가였다. 20여 년이 지나 지금은 의사가 된 제자는 당시 베르골료 신부가 추천했던 프랑스 철학자이자 고생물학자인 예수회원 피에르 테야르 드 샤르댕의 진화론에 관한 논문에 대해 설명해 달라는 말도 덧붙였다. 베르골료 신부는 미소를 지으며 답장을 쓰기 위해 타자기 앞에 앉았다.

친애하는 호세.
우리가 학교에서 만났을 때,
세상은 두 개의 진영으로 나뉘어져 있었지.
그리고 바로 오늘, 너에게 편지를 쓰는 바로 이 순간,
그 체제는 무너졌고, 실패했으며,
베를린장벽은 더 이상 존재하지 않아!

베르골료 신부는 편지를 마무리한 다음 전축을 다시 켜고 일하기 시작했다. 적어도 그렇게 하려고 노력했다. 그의 생각은 계속 텔레비전에서 보았던 장면으로 돌아갔다. 바그너의 교향곡에 둘러싸여 독일 사람들이 보여주던 미소와 기쁨의 눈물, 주체할 수 없는 환희를 만끽하는 모습을 다시 떠올려보았다. 얼마 전 신문에서 읽었던 로널드 레이건

미국 대통령의 연설문이 떠올랐다.

이 장벽은 무너질 것입니다. 그렇습니다, 이 장벽은 무너질 것입니다. 장벽은 믿음에 저항할 수 없고 진리에 저항할 수 없기 때문입니다. 장벽은 자유에 저항할 수 없습니다.

레이건이 "고르바초프 씨, 고르바초프 씨, 이 장벽을 허무시오"라는 예상치 못한 역사적 훈계를 했던 것도 바로 이 연설 도중이었다.

※

그리고 장벽은 실제로 무너졌습니다. 마침내 유럽에 변화의 바람이 불었습니다. 장벽이 무너진 뒤 며칠 후 요한 바오로 2세는 독일 주교단에 편지를 보내셨습니다. 독일 가톨릭 신자들에게도 성모 마리아의 전구로 주님께서 "정의, 자유, 내적, 외적 평화에 대한 인류의 희망"을 이루어주실 수 있도록 함께 기도해달라고 당부하며 이렇게 쓰셨습니다.

여러분이 비록 작은 무리일지라도 선의의 모든 사람과 함께, 무엇보다도 복음주의 그리스도인들과 연합하여, 하느님 영의 힘으로 여러분 조국에서 땅의 얼굴을 새롭게 할 수 있도록 가능한 모든 것을 행하십시오.

그 말씀은 공허한 메아리로 끝나지 않았습니다. 독일 국민들은 그 말씀을 가슴에 새기고 다시금 서로가 형제자매라는 사실을 깨달으며 일치하여 함께 걸어갔습니다. 눈물을 흘리는 노인의 모습도 감동적이었습니다만, 장벽으로 헤어졌던 가족이 다시 만나 포옹하는 모습은 저에게 더 큰 감동을 안겨주었습니다. 저는 이 모든 것을 보며 특별한 기쁨을 느꼈는데, 사실 저의 어머니 쪽 집안에 문제가 생겨, 사촌들 사이에 적대감이 팽배했기 때문입니다. 그일 때문에 저는 너무나 힘들었습니다. 그러나 어려운 가정사 때문인지 어머니와 저는 다른 분들, 특히 집안일을 도와주러 온 여성들과 유대감을 형성하기도 했습니다. 그들은 저에게 이모와 같았습니다.

저는 60대 프랑스 여성인 베르타를 기억합니다. 베르타의 딸은 무용수이자 매춘부였다가 우리 이웃 중 하나와 결혼했습니다. 베르타 역시 젊은 시절 파리에서 무용수로 활동했는데, 극심한 가난 속에서 살면서도 특유의 품위를 잃지 않았습니다.

콘셉시온 마리아 미누토라는 여성도 있었는데, 우리

는 그를 콘체타라고 불렀어요. 콘체타는 어머니의 빨래를 도와주곤 했는데, 저는 지금도 그분을 애틋하게 기억하고 있습니다. 지금도 그분이 주신 성모님 메달을 목에 걸고 있어요. 시칠리아 출신이었던 콘체타는 두 자녀를 낳고 기르는 동안 제2차 세계대전을 겪었습니다. 그가 살아온 이야기를 들으면 참 불행했다는 생각이 들곤 했지만, 콘체타는 자신이 겪은 불행에도 불구하고 낙담하지 않았어요. 무엇보다 선량한 성품은 훼손되지 않았습니다.

콘체타의 아들은 결혼해서 아르헨티나에 머물렀고, 콘체타와 딸은 이탈리아로 이주했던 것으로 기억합니다. 그러다가 몇 년이 지난 뒤 콘체타와 딸은 부에노스아이레스로 돌아왔습니다. 그때 저는 산미겔에 있었는데, 어느 날 두 사람이 저를 찾아왔습니다. 그들을 맞아준 사람이 저에게 "신부님, 콘셉시온 미누토 부인이 오셨습니다"라고 알려줬습니다. 그때 저는 너무 바빠서 반사적으로 지금 자리에 없다고 답하게 했어요. 그러고 저는 큰 괴로움에 사로잡혔습니다. 저는 계속 자문했습니다. "내가 왜 그렇게 행동했을까? 그토록 오랫동안 알고 지냈고 이탈리아에서 온 것도 모자라 산미겔까지 나를 만나러 왔는데…." 그날 저녁 저는 오래 기도를 드렸고 제가 한 행동에 대해 주님께 용서를 구했습니다.

몇 년 후 콘체타의 딸이 저를 다시 찾아와서 "저는 콘체타의 딸입니다. 인사하러 들렀어요…"라는 메모를 남겼습니다. 저는 그 메모를 보자마자 그녀에게 전화를 걸었죠. 당시 콘체타의 아들이 부에노스아이레스에서 운전기사로 일하기 시작했던 때라, 가끔 필요한 일이 있으면 콘체타의 아들을 부르곤 했었습니다. 콘체타의 임종을 지키고 영적인 도움을 줄 수 있었던 것도 다행입니다. 저는 지금도 종종 콘체타를 생각합니다.

마리아 데 알시나라는 부인도 기억에 남습니다. 부인은 오래 전에 남편을 여의었고, 같은 이름의 딸을 두고 있었어요. 우리는 두 사람을 큰 마리와 작은 마리로 불렀습니다. 큰 마리는 이웃집의 가정부로 일했는데, 매우 교양 있었고 철학책과 오페라를 좋아했어요. 그래서 저는 그를 초대해 함께 공연을 보러가곤 했습니다. 그러던 어느 날 작은 마리가 갑자기 전화를 걸어와 말했어요. "엄마가 병원에 입원해 계세요. 곧 돌아가실 것 같아요." 밤 9시가량이었는데, 저는 당장 병실로 달려가 누워 있던 큰 마리에게 병자 성유를 부어주었습니다. 어머니가 돌아가신 후 딸은 혼자 남겨졌고 제 동생 마리아 엘레나가 같이 살자고 제안했습니다.

우리는 가까운 이웃들을 친척처럼 대하며 좋은 관계를 이어갔습니다. 하지만 우리 가족의 외가는 불행히도 완전히 갈라져 있었어요. 어머니에게는 다섯 형제가 있었는

데 모두 사이가 좋지 않았어요. 그래서 저는 외삼촌과 이
모들을 거의 보지 못했습니다. 친척 가운데 한 분은 나중
에 자식들에 의해 요양원에 맡겨졌고, 다른 한 분은 커서
딱 한 번 만난 적이 있어요. 가족 간의 다툼을 보면서 저는
많은 상처를 받았어요.

　장벽으로 헤어질 수 밖에 없었던 베를린의 가족들과
달리 우리는 주님 은혜로 원하는 만큼 만날 수 있었습니
다. 하지만 그러한 하느님의 선물을 받을 수 없었나 봅니
다. 가족은 사랑을 배우는 첫 번째 장소입니다. 이건 언제
나 제 마음속에 분명하게 남아 있는 개념입니다. 그러나
모든 가정에 십자가가 있다는 것도 알고 있습니다. 오해가
있을 수 있고, 어려움이 있을 수 있습니다. 그런 것들은 오
직 사랑으로만 극복할 수 있습니다. 증오는 문제를 극복할
수 없게 만듭니다. 동독과 서독을 가르던 장벽이 무너지자
서로를 다시 끌어안고 기뻐하던 형제나 친척들의 모습에
감동한 것도, 어찌할 수 없었던 분열을 사랑으로 극복했기
때문입니다.

　아마도 그즈음이 제가 마지막으로 텔레비전을 봤을
때였을 거예요. 코르도바에 부임하기 전날이었던 1990년
7월 15일이었어요. 저는 코르도바에 파견되어 예수회 공
동체에서 영적 지도를 하기로 되어 있었습니다. 그날 저
녁 형제들과 함께 텔레비전을 보고 있었는데, 에둘러 말하

자면 성직자들이 보기에 조금 불편한 장면이 방송되고 있었습니다. 외설적인 장면은 없었지만 마음에 들지 않는 내용이었어요. 방으로 돌아와 저는 스스로에게 말했습니다. "성직자가 이런 걸 볼 수는 없지…." 그래서 다음날 가르멜산 성모 축일 미사에서 저는 다시는 텔레비전을 보지 않겠다고 맹세했습니다. 그 이후 저는 꼭 봐야 할 때가 아니면 텔레비전을 보지 않습니다. 예를 들어 새로운 대통령 선출이나 비행기 추락 사고 같은 일이 있을 경우에만 예외적으로 텔레비전을 보았습니다. 로마의 제멜리 병원에 입원해 있는 동안 주일 미사를 보려고 켜놓기는 했네요. 하지만 세계 행사들, 예를 들어 영국 찰스 왕세자의 대관식 같은 행사는 시청하지 않았습니다. 경멸해서가 아니라 서약을 했기 때문입니다.

어쨌든 저는 1992년 5월까지 1년 10개월 13일 동안 코르도바에 머물렀는데, 이 기간은 제 인생에서 매우 길고 어두운 시기였습니다. 당시 저는 장상들이 왜 저를 그곳으로 보냈는지 이해하지 못했습니다. 그래서 마음속에 확신을 갖지 못한 채 살았어요. 하지만 그분들의 결정에 순명하고 받아들였습니다. 바로 그 해에 유럽에서는 새롭고 위대한 역사의 한 페이지가 쓰이고 있었습니다.

⚔

교회에서, 또 사회에서 우리가
겁먹어서는 안 되는 단어가
'연대감'입니다.

IX.

유럽연합의
탄생

새벽 4시 30분, 예수회 요양원은 아직 깊이 잠들어 있었다. 아침 기도를 알리는 종도 울리기 전이었다. 모두가 침대에 있을 시간, 아보카도와 덩굴 식물로 가득 찬 안뜰도, 거대한 돌과 콘크리트 구조물 밖도 모든 것이 잠들어 있었다.

부에노스아이레스에서 700킬로미터 떨어진 코르도바의 가장 번화한 거리 중 하나인 카세로스 거리에는 여전히 정적이 흐르고 있었고, 청소차 소리만 멀리서 들릴 뿐이었다. 그러다 드르륵 셔터 올라가는 소리가 들렸다. 제빵사 곤살로가 일하러 가는 소리였다.

1992년의 더운 여름날 그 시간, 예수회 요양원에는 불 하나만 켜져 있었는데, 부엌 불이었다. 55세의 베르골료 신부는 평소보다 일찍 일어났다. 그는 기도를 마치고 샤워장에서 몸을 씻은 후 방으로 돌아가 검은색 수도복으로 갈아입고 서둘러 아래층으로 내려갔다. 부엌에 도착한 베르골료 신부는 소매를 걷어 올리고 앞치마를 두른 뒤 스토브 앞으로 갔다.

매우 예외적인 일이 벌어지고 있었다. 전 아르헨티나 예수회 관구장이자, 막시모 신학교 원장이었던 베르골료 신부는 2년 전부터 이곳에 머물고 있었다. 예수회 지도부가 결정한 일종의 유배 생활이었다. 베르골료 신부는 12년 동안 관구의 요직을 맡아왔는데, 그를 이은 새로운 장상들이 베르골료 신부를 멀리 보내기로 결정한 것이다. 그래서 베르골료 신부는 침묵과 기도로 시간을 보냈다. 고해성사(일부 고해자들은 멀리서 찾아오기도 했다)와 글쓰기, 공부하는 시간도 주어졌다. 그리고 나이 든 형제 사제들을 도왔으며, 세탁실에 힘을 보탰고, 가끔 맨발의 가르멜 수도회 성당이나 자비의 성모 성당으로 산책을 나가곤 했다.

그날 아침 베르골료 신부는 리카르도와 이르마를 돕기로 했다. 잡역부로 일하는 리카르도는 꼬마 때부터 베르골료 신부가 잘 알고 지냈고 요리사 이르마는 리카르도의 사촌이었다. 아직 그들이 도착하기 전이었지만 베르골료 신부는 먼저 일을 시작했다. 리카르도의 조카 알레한드라의 결혼식 만찬을 준비해야 했기 때문이다. 리카르도와 이르마는 결혼식 만찬을 제대로 준비하지 못할까 봐 걱정하고 있었다. 베르골료 신부는 팀발로를 만들겠다고 제안했다. 그래서 친구들이 오기 전에 큰 냄비에 송아지 고기를 삶고, 감자 껍질을 벗기고 있었다.

베르골료 신부는 처음 사제직을 받았을 때로 돌아간 듯 보였다. 그는 사람과 멀리 떨어져 고독 속에서 자신의 삶을 면밀히 살피고, 내면을 연구하는 신비로운 순간을 경험하고 있었다. 일부 회원들은 그에 대한 나쁜 소문을 퍼뜨리며 "베르골료가 미쳤다"는 명예훼손을 하기도 했고, 악의적인 사람들은 그가 정신 질환을 앓고 있다고 지적하기도 했지만, 진실은 전혀 달랐다.

새벽 5시 30분이 되자 리카르도가 도착했다. 리카르도의 손에는 점심 만찬을 위한 재료가 들려 있었다. 팀발로에 들어갈 쌀과 요구르트였다. 그리고 그날 신문도 가지고 왔다. 베르골료 신부는 리카르도가 들고 온 신문을 펴 보았다. 정치면을 보다가 외신 기사 하나에 눈길이 갔다. 유럽 12개국이 유럽연합을 출범하기로 하며 서명한 마스트리히트 조약에 관한 기사였다.

베르골료 신부는 점심 준비를 해야 했기 때문에 그 내용을 대충 읽을 수밖에 없었다. 그래서 일단 신문을 내려놓고 다시 스토브 앞으로 돌아갔다.

솔직히 말하면, 처음에는 멀리 유럽에서 벌어진 뉴스에 별로 신경 쓰지 않았어요. 큰 관심이 없었던 거죠. 하지만 그일을 더 잘 알게 되자, 제 생각보다 중요하고 훌륭한 일이었다는 걸 깨닫게 되었습니다. 유럽연합의 탄생은 정치적 창의성이 발현된 가장 아름다운 결과 중 하나였어요. 12개 회원국은 보충성subsidiarity의 원리를 추구할 성공적인 방법을 찾았습니다. 프랑스 예수회 신부인 피에르 드 샤르테네 신부가 지적했듯이 유럽연합은 요한 23세의 사회 회칙인 「어머니와 스승」과 베네딕토 16세의 회칙인 「진리 안의 사랑」 등 가톨릭교회의 요구를 세상에 구현하는 것이었어요. 그 요구는 바로 국수주의의 위험을 막을 기관이 필요하다는 것입니다.

이것이 바로 오늘날 그리스도교 신자들이 그 어느 때보다도 유럽을 위해 기여하라는 부르심을 받은 이유이기도 합니다. 우리는 두 가지 방식으로 기여할 수 있습니다.

첫째, 우리는 유럽연합이 단순한 숫자가 아니라 사람들의 집합이라는 것을 기억해야 합니다. 우리는 시민, 이민자, 노동자, 빈곤층에 대해 이야기하는 대신 각종 수치, 경제 지표, 할당량, 빈곤 임계값에 대해 점점 더 자주 이야기합니다. 모든 것이 이처럼 추상적인 개념으로 축소되면 정치에 경각심을 불러일으킬 수 없고, 사람들의 관심도 끌 수도 없을 것입니다. 마음과 얼굴을 가진 사람에 대해 말하지 않는다면, 무엇을 논하든 영혼 없는 토론에 불과할 뿐입니다.

둘째, 공동체에 대한 소속감을 재발견하는 것입니다. 이것은 오늘날 만연한 개인주의, 곧 고독에 빠져가는 경향에 대한 진정한 해독제입니다. 만약 지금처럼 개인주의가 만연해져 소속감도 유산도 없는 사회가 된다면, 그것은 엄청나게 심각한 문제가 될 것입니다. 이는 이민자 문제를 다룰 때 드러납니다. 우리는 두 개의 유럽이 있는 것처럼 생각합니다. 일부 국가는 자신들만 잘살면 된다고 생각하면서 이탈리아, 몰타, 스페인, 그리스, 키프로스 등이 응급 상황에 빠져 있는 걸 알면서도 속수무책으로 당하도록 내버려둡니다. 이것은 공동체가 아닙니다. 자멸로 이어지는 자살적 개인주의입니다. 남유럽과 북유럽 모두 이주민을 환영하고, 보호하며, 격려하고, 통합하기 위해 각자의 역할을 다해야 합니다.

하지만 각자 홀로 경기를 하려 한다면 시민들과 기관들 간의 정서적 단절을 초래하게 될 것입니다. 그렇게 되면 각 기관은 개인의 필요에서 멀어지게 됩니다. 유럽은 기본적으로 여러 국가로 이루어진 하나의 가족입니다. 그래서 중앙정부는 각 국가의 정체성을 존중하고 어떤 분야든 도움이 필요할 경우 개입하여 각 국가의 필요를 고려해야 합니다.

마스트리히트 조약 이야기로 돌아가서,《라 나시온》의 사설을 쓴 논평자는 베를린장벽이 무너진 후 유럽이 갈등을 극복하고 제2차 세계대전 이후 분열을 종식시키려면 단결이 필요하다고 분명하게 밝혔습니다.

하지만 당시 제 관심은 전혀 다른 갈등에 집중되어 있었습니다. 그건 내면의 갈등, 마음의 갈등이었지요. 저는 예전에도 코르도바에 살았던 적이 있습니다. 1958년부터 푸에레돈 지역에 있는 사그라다 파밀리아라는 예수회 기관에서 수련자 신분으로 있었어요. 당시 저는 노인들을 돕는 일 외에도 토요일 오후와 일요일 오전 트란시토 카세레스 데 아옌데 병원 주변에 살던 가난한 아이들을 모아 첫 영성체를 준비시키면서 교리문답을 가르치는 일을 맡고 있었습니다. 시칠리아 출신 가족의 양해를 얻어 집 안뜰에서 아이들을 만나곤 했습니다. 그 집 아이들도 다른 아이들과 함께 주말마다 교리 수업을 받았죠. 교리가 끝나면 아이들에게 사탕을 나눠주기도 하고 함께 축구를 하기도 했습니다. 사실, 저는 축구를 잘 못해서 어렸을 때부터 골대를 지키는 일만 했거든요. 그래서 친구들은 저더러 '개발'이라고 놀리곤 했죠. 그렇게 놀린 건 그저 재미였고, 친해지려는 방법이었을 뿐이었어요. 악의는 없었죠.

그렇게 주일을 보내고, 다음 주가 되면 저는 아이들에게 지난주에 배웠던 걸 물어보고 정답을 맞히면 상본이나 성모님 메달을 선물로 주곤 했습니다. 아이들에게 이탈리아 노래를 가르쳐주기도 했는데, 그중엔 아버지가 좋아하셔서 어릴 때 종종 듣던 곡도 있었어요. 1940년대 부에노스아이레스에 살던 이탈리아 사람들 사이에서 큰 인기를 끌었던 〈오 솔레 미오〉, 〈도베 스타 차차〉, 〈토르나 피치나〉 같은 노래들이 기억나네요.

1990년 제가 '유배' 생활을 하기 위해 코르도바로 돌아왔을 때는 상황이 완전히 바뀌어 있었습니다. 아르헨티나 예수회 관구를 이끌며 중요 직책을 맡다가 평범한 고해신부로 돌아간 거죠. 사실 그 역시 매우 중요하고 아름다운 사역인데, 당시에 제 마음은 어둠이 지배하고 있었습니다.

그 시기 제 마음의 등대가 되어주었던 것은 이냐시오 영성이었습니다. 저는 지금도 주님께서 저를 시험하시고 제 마음을 더 잘 읽을 수 있도록 그 위기의 시기를 경험하게끔 하셨다고 확신합니다. 2년 동안 저는 저의 과거, 수도원 생활, 본능적이고 개인주의적인 방식으로 내린 선택, 권위주의적인 태도로 저지른 실수들을 많이 생각했어요. 저는 권위주의적인 태도 때문에 극도로 보수적이라는 비난을 받기도 했었습니다.

저는 코르도바 예수회 요양원 5번 방에서 보낸 침묵의 세월이 신중하게 미래를 바라보는 방법을 익히는 데 도움이 되었다고 점점 더 확신하게 되었습니다. 어떤 사람들은 제 인생의 어두운 시기에 일어난 일들을 지나치게 강조하기도 합니다. 또 어떤 사람들은 그곳에서 제가 괴롭힘을 당했다거나, 저에게 온 전화도 바꿔주지 않았다거나, 편지도 전달되지 않았다고 이야기하기도 합니다. 하지만 모두 사실이 아닙니다. 말도 안 되는 일이에요.

또한, 늙고 병든 형제자매를 돌보고, 씻기고, 옆에서 자며 수발드는 일이 수치스럽다고 생각하는 사람들이 있습니다. 하지만 저는 자발적으로 그 일을 했고, 그렇게 하는 것이 바로 예수 그리스도를 진정으로 만나는 가장 기본적인 단계라고 믿습니다. 가장 연약한 사람, 가장 가난한 사람, 가장 낮은 사람을 위해 자신을 바치는 것은 모든 하느님의 사람, 특히 교회 최고위직에 있는 사람이 해야 하는 일입니다. 사제는 양 냄새를 풍기는 목자가 되어야 합니다.

물론, 당시 저는 제 마음속에 갇혀 있었고, 우울함을 느꼈던 것도 사실입니다. 주로 요양원 안에서 시간을 보내며 외출은 거의 하지 않았거든요. 하지만 자유 시간은 정말 많았습니다. 그래서 그때 많은 공부를 할 수 있었습니다. 박사 학위를 위해 요한 바오로 2세의 문헌들과 당시 추기경이었던 요제프 라칭거의 책을 읽었습니다. 그리고 역사학자 루트비히 폰 파스토르가 쓴『교황의 역사』를 거의 모두 공부했습니다. 40권의 책 가운데 37권을 읽었는데, 정말 대단한 기록이지 않나요? 그때의 독서는 저에게 정말 큰 도움이 되었습니다.

또한 그 시기에 저는『희망에 대한 성찰Reflexiones en Esperanza』과『죄와 부패Corrupción y pecado』라는 책을 집필하기 시작했습니다.『죄와 부패』는 언론인 옥타비오 프리헤리오의 기사 "부패는 정치적 문제Corrupción, un problema político"에서 영감을 받아 쓴 것입니다. 이 책에는 수년이 지난 지금, 유럽 기관들의 스캔들을 떠올리게 하는 구절이 하나 담겨 있습니다.

부패한 사람이 권력을 행사하면 항상 다른 사람을 자신의 부패 속으로 끌어들이고, 자신의 수준으로 그들을 끌어내리려 합니다. 부패는 썩은 냄새가 나는데, 입 냄새와 비슷합니다. 입 냄새가 나는 사람은 자신의 냄새를 거의 인식하지 못합니다. 그래서 냄새를 맡은 다른 사람이 말해주어야 합니다. 이처럼 부패한 사람은 양심의 가책만으로는 자신의 상태에서 벗어날 수 없습니다. 그는 자신의 영이 가져다주는 선함을 마취시켜버렸기 때문입니다.

벌써 5월이 찾아왔다. 점심 식사를 한 베르골료 신부는 1층으로 올라가 성 요셉 동상 앞에서 성상을 둘러싼 유리에 손을 얹고 고개를 숙인 채 기도했다. 계단을 오르내리던 형제들은 그가 세상의 것들과 완전히 분리된 채 기도에 몰두하는 모습을 보았다.

방으로 돌아온 베르골료 신부는 타자기를 꺼내고 있었는데, 점-선-점으로 이루어진 모스 부호 같은 소리가 울렸다. 전화가 온 것이다. 부에노스아이레스에서 걸려온 급한 전화였다. 우발도 칼라브레시 대주교 겸 교황대사의 전화였다. 대주교의 전화는 베르골료 신부에게 그리 놀라운 일은 아니었다. 두 사람은 자주 대화를 나누곤 했었기 때문이다. 그런데 이번에는 전화로 이야기하기보다는 직접 만나자고 했다.

"주교님, 제가 가겠습니다."

베르골료 신부는 전화를 끊고 나갈 채비를 했다. 약속 시간에 맞춰 도착하려면 시간적 여유가 많지 않지만, 공항으로 가는 버스를 타기 전, 매일같이 묵주기도를 바치러 가던 도메스티카 경당에 잠시 들러 파티마 성모님께 기도를 바칠 수 있었다. 그날은 5월 13일로, 1917년 세 포르투갈 양치기에게 성모님이 발현한 것을 기념하는 날이었다. 그리고 도서실을 지나가다가 긴 버스 여행 중에 읽을 신문 하나를 재빨리 집어 들었다.

베르골료 신부는 차에 올라타 신문을 펼쳤다. 그러자 엘리자베스 2세의 사진이 눈에 들어왔다. 엘리자베스 2세는 1992년 5월 12일 마스트리히트 조약이 체결된 후 스트라스부르에 모인 유럽의회에서 역사적인 연설을 했고, 신문 기사에는 그 연설 일부가 발췌되어 있었다. 베르골료 신부는 그 기사를 눈여겨보았다.

우리 모두 유럽 국가들이 가지고 있는 풍부한 다양성을 보존하기 위해 노력하고 있습니다. 그 다양성이 억압된다면 유럽은 강화되는 것이 아니라 약화될 것이기 때문입니다. 우리가 내리는 결정은 가능한 시민들과 가까운 것부터 이루어져야 합니다. 동시에 우리가 마주하는 문제의 성격이나 규모에 따라 유럽 차원의 대응이 필요한 경우 유럽 사람들이 유럽이라는 기반으로 행동할 수 있는 역량을 강화해야 합니다. 이것이 바로 마스트리히트에서 달성한 대로 우리에게 필요한 균형입니다. 저는 오늘 유럽 공동체 내 각국 의회가 지닌 전통에 차이점들이 있다는 점을 잘 알고 있기에 이 자리에 섰습니다. 영국 의원들은 의심할 여지없이 이번 의회의 심의에 웨스트민스터에서 열리는 격렬한 토론 분위기를 옮겨왔을 것입니다. 제 선조 중 일부는 알고 있던 것처럼 공격적이라고 말할 수 있는 스타일입니다. 하지만 화해와 민주주의에 대한 오늘날 유럽인들의 확고한 신념에 비하면 각자가 지닌 스타일과 의견 차이는 큰 의미가 없습니다. 이 의회가 지루한 획일성을 띠는 것보다 거친 대화와 논쟁이 일어나는 것이 훨씬 낫습니다.

✄

엘리자베스 2세의 연설은 옳았습니다. 당시 유럽이 해결해야 할 과제 중 하나는 국가들의 다양성을 보존하고 육성하는 것이었죠. 유럽연합의 창시자들은 서로의 차이점을 조화시키려는 꿈을 갖고 그 길을 걷고 있었습니다.

2023년 4월 부다페스트를 방문하는 동안 저는 헝가리 당국, 시민사회 대표 및 외교단을 만났습니다. 그 자리에서 저는 2014년 스트라스부르의 유럽의회 연설을 회상하면서 유럽이 정당의 인질이 되거나 포퓰리즘의 희생자가 되지 않아야 한다는 점, 국민의 삶을 잊고 불확실하게 흔들리는 유동적 실체가 되어서는 안 된다는 점을 강조했습니다. 저는 각 구성원이 전체에 통합되면서도 자신의 정체성을 보존하는 조화가 필요하다고 말했습니다. 각 국가는 자신들이 지니고 있는 재물, 문화, 철학을 가져오고, 또 그 재물, 문화, 철학을 유지하면서 그들 사이에 존재하는 차이점에도 불구하고 조화를 이룰 수 있어야 합니다.

문제는 오늘날 이것이 현실적으로 이루어지고 있지 않으며, 유럽연합 창립자들이 꿈꾸던 꿈이 이미 오래전 사라진 듯 보인다는 점입니다. 제가 부다페스트에서 이런 얘기를 한 것은 어디까지나 오르반 빅토르 총리가 제 말을 듣고 이해하기를 바랐기 때문입니다. 동시에 모든 것을 표준화하려는 듯 보이는 유럽연합도 헝가리가 지닌 고유성을 존중해주기를 희망했기 때문입니다.

요한 바오로 2세도 베를린장벽이 무너지기 전이었던 1988년, 스트라스부르 유럽의회에서 이러한 필요성을 언급하셨습니다. 유럽인들은 서로 다른 문화적 전통이나 사상적 흐름을 갖고 있지만 서로를 받아들여야 하며, 외국인과 난민도 환영하여 다른 대륙 사람들의 정신적 풍요로움도 받아들여야 한다는 것입니다.

그리스도교의 비전은 유럽 역사 안에서 하늘과 땅이 지속적으로 만날 수 있는 기회를 발견하도록 이끌어줍니다. 여기서 하늘은 초월적인 것, 곧 하느님에 대한 개방성을 말합니다. 유럽인들은 이를 공통된 특징으로 지니고 있습니다. 땅은 상황과 문제에 대처하는 실용적이고 구체적인 능력을 나타냅니다. 유럽의 미래는 두 요소 사이의 연결 고리를 발견하는 데 달려 있습니다. 삶을 넘어서는 초월적 차원으로 나아갈 수 없다면 유럽은 영혼을 잃어버릴 것이고, 유럽이 사랑하고 수호하는 인문주의 정신도 서서히 상실될 것입니다.

유럽연합은 혼수상태에서 깨어나야 합니다. 그리고 다시 한번 통합, 대화, 번영에 기반한 새로운 휴머니즘을 탄생시켜야 합니다. 구대륙은 필요하다면 얼마든지 새롭게 시작할 수 있습니다. 모든 것을 재건해야 했던 제2차 세계대전 이후 유럽은 이러한 능력을 이미 증명한 바 있습니다. 정치의 중심에 인간을 둔다면, 그렇게 하고자 노력하는 사람들의 마음속에 희망이 남아 있기에 그 일은 충분히 성공할 수 있습니다. 이런 점에서 볼 때 시대의 징표를 읽으면서 오늘날의 역사에서 유럽 프로젝트를 해석할 사람들을 양성하는 것이 중요합니다. 그렇지 않으면 기술주의 패러다임만 우세해질 것입니다. 그렇게 되면 젊은 세대의 관심을 끌지 못하게 될 것이고, 이는 유럽연합의 종말로 이어질 것입니다.

1992년 5월 13일 오후로 돌아가 보면, 그날 버스가 이상하게도 조금 일찍 코르도바 공항에 도착했습니다. 교황대사인 칼라브레시 주교님과의 만남은 이제 널리 알려졌지요. 주교님은 저를 만나자 여러 주제에 대해 이야기하시면서 이런저런 질문을 던지셨습니다. 그러더니 출국장 앞에 다다랐을 때 갑자기 제 인생을 뒤흔들 소식을 전해주셨습니다. "요한 바오로 2세가 당신을 부에노스아이레스 보좌주교로 임명했으며 7일 후인 5월 20일에 임명장이 발표될 것입니다. 그때까지 이 일은 아무에게도 말하지 마세요."

저는 정말, 완전히 깜짝 놀랐습니다. 예상치 못한 말을 들을 때마다 그러했듯이 그날도 아무 말도 하지 못하고 멍하니 서 있었습니다. 지금도 저는 놀라면 종종 그렇게 완전히 얼어버리곤 합니다. 어쨌든 교황대사의 요청에 따라 그날 저녁부터 공식적으로 발표될 때까지 비밀을 유지했습니다. 몇 년 전 부에노스아이레스 대교구장 안토니오 콰라시노 추기경을 만날 기회가 있었는데, 당시 저는 영신수련을 설교할 때였고, 콰라시노 추기경은 아직 추기경이 되시기 전으로, 라플라타 대주교셨습니다. 추기경께서는 저를 가까운 협력자로 두고자 하셨고, 저는 네 명의 보좌주교 가운데 한 명이 되었습니다.

마요 광장을 마주 보고 있던 주교좌성당에서 주교 서품을 받은 후 대교구장님은 저를 플로레스의 주교 대리로 파견하셨는데, 바로 제가 어릴 적 살던 곳이었습니다. 제가 자랐던 그 곳에 쉰다섯 살이 되어 돌아온 겁니다. 축하 분위기가 가득했고, 저의 어두운 시기는 추억으로만 남게 되었습니다. 주님께서는 제가 새로운 여정을 시작하며 빈민촌에 사는 이들에게 관심을 갖고 그리스도의 말씀과 위로를 전하기를 바라셨던 것 같습니다.

그 시기 빈민 사목에 소명을 가지고 있던 페페 디 파올라 신부님도 만났습니다. 1994년 제가 총대리로 임명되었을 때 저는 신부님을 시우다드 오쿨타('숨겨진 도시'라는 뜻. 부에노스아이레스 15구역에 있는 노동자들이 모여 살던 비공식 정착지로, 마치 숨겨진 도시 같다고 붙여진 이름이다.—옮긴이)의 본당 신부로 보냈고, 몇 년 후에는 역시 부에노스아이레스의 낙후 지역인 21구역으로 파견했습니다. 신부님은 가난한 사람들과 함께 일했습니다. 앞서 언급했듯이, 저는 목자가 양들 가운데 있어야 한다고 생각해왔기 때문에 그를 자주 보러 갔던 기억이 납니다. 뭐든 필요한 게 있다면, 아픈 신부님이 생겨서 미사를 집전하거나 고해성사를 들어줄 사람이 없으면 도와주러 가기도 했습니다. 또한 페페 신부님이 조직한 빈민가 사제 운동인 쿠라스 비예로스가 주관하는 행렬에 참석하여 예수님을 찾는 사람들 사이에서 걷고자 했습니다. 대중의 신심은 교회의 면역 체계라고 생각했기 때문입니다.

그 시기는 제 삶에서 가장 아름다운 순간들 가운데 하나였어요. 저는 먼지 쌓인 골목길에서 주님을 발견했습니다. 주님께서는 불쌍한 영혼들을 버리지 말라고 말씀하셨어요. 가난한 사람들의 집에 초대받아 마테 한잔을 마시며 오랜 친구처럼 이야기를 나누고, 수다를 떨었던 순간도 기억에 남습니다.

하지만 항상 기분 좋은 이야기만 나누고, 웃음만 가득 했다고 생각하지는 마세요. 그들은 가난 가운데 사는 사람들이었거든요. 그들은 벽돌과 양철로 얼기설기 지은 집에서 식수도 없이 떠돌이 개와 함께 살았습니다. 범죄와 마약 밀매는 빈곤 지역의 진정한 지배자였습니다. 방치된 아이들은 아주 어린 나이부터 마약 거래에 연루되었습니다. 이런 아이들에게 교회의 존재는 매우 중요합니다. 교회는 아이들의 영혼을 타락시키는 악에서 어린이들을 보호하는 역할을 해야 합니다. 수많은 지역에서, 특히 국가가 부재할 때 교회의 역할이 얼마나 중요합니까!

사제와 수녀는 그들의 존재와 말로 변화를 만들어낼 수 있습니다. 특히, 젊은이들이 삶을 영원히 파괴할 비극적인 소용돌이에 빠지지 않도록 올바른 길을 안내해야 합니다. 인내심을 갖고 열린 마음으로 위기에 처한 부모와 거리의 소년 소녀들의 이야기를 경청하면 세상을 더 나은 방향으로 바꿀 수 있습니다. 저는 사회 변두리에서 살아가는 수백 명의 사람과 이야기를 나누고 그들의 목소리를 들으면서 이러한 사실을 직접 경험했습니다.

몇 년 후인 1997년, 칼라브레시 주교님은 저를 다시 한번 놀라게 하셨습니다. 점심 식사가 끝날 무렵, 주교님은 건배를 해야 하니 케이크와 샴페인을 가져오라고 하셨어요. 저는 오늘이 생일이시냐고 물었습니다. "아니요, 제 생일이 아니에요. 이건 당신을 위한 것입니다." 저는 당황했고 잠시 멍하니 있었습니다. 그러자 주교님은 이렇게 덧붙였습니다. "6월 3일부터 주교님은 부에노스아이레스의 새 부副대주교가 되실 겁니다."

저는 대교구장님이 연령 제한으로 은퇴할 때 대교구장직을 승계할 승계권을 갖게 된 것입니다. 안타깝게도 콰라시노 추기경님은 제가 임명된 지 몇 달 후, 사직서를 제출할 수 있는 정식 연령인 75세가 되기 전에 서거하셨고, 1998년 2월 28일, 저는 갑자기 그 큰 부에노스아이레스 대교구를 이끌게 되었습니다.

저는 아르헨티나 국민, 특히 불행과 가난에 짓눌린 사람들을 위해 봉사한다는 우선순위에 따라 이 복잡한 임무를 수행했습니다. 다른 관심사에 이끌려 점점 더 '유동적인' 사회로 변해가고 있었기 때문에 점점 더 귀를 닫고자 하는 권력자들 사이에서 예수 그리스도의 복음을 선포하면서 가장 낮은 이들 사이에서 복음을 실천한다는 것은 큰 도전이자 큰 선물이었습니다. 가장 낮은 이들은 사랑을 갈망하는 눈으로, 침묵 속에 귀를 막는 모습으로 저에게 정말 많은 것을 가르쳐주었습니다.

그 아름답던 시절 저는 굶주림에 시달리는 사람들의 주름지고 상처 입은 손을 잡았습니다. 자녀들을 먹이기 위해 도둑질을 하던 손, 더 나은 삶을 살기 위해 도움을 구하던 손들을 잡았습니다. 저는 희망 없이 길가에 버려진 남녀노소의 얼굴, 존엄을 빼앗긴 여성의 얼굴, 겁에 질린 아버지의 얼굴, 무관심에 괴로워하는 어머니의 얼굴을 어루만졌습니다. 미래를 도둑맞은 어린이의 얼굴도 있었습니다. 그리고 그들 모두에게서 저는 항상 길이요 진리요 생명이신 구세주 예수 그리스도를 발견했습니다.

이것은 모두가 알아야 할 선물입니다. 모든 이가 경험해봐야 합니다. 우리 손을 좀 더럽혀봅시다. 가난한 이들의 손을 만지고 그들의 눈을 보면서, 그들 안에서 하느님을 찾음으로써 존재의 의미를 찾읍시다. 우리 도시의 보이지 않는 사람들을 환대하고 지지함으로써, 우리에게 무엇이 필요한지 발견하게 될 것입니다. 그리고 그럴 때 우리의 삶은 더 나아질 것입니다.

교황이 된 지금, 저는 아르헨티나 거리에서 멀리 떨어져 있지만 주님의 현존을 느끼려면 가난한 이들과 함께해야 한다는 것을 여전히 절실하게 느끼고 있습니다. 앞으로 나아갈 힘을 다시금 발견하고자 한다면, 가난한 이들과 점심을 나누고, 그들에게 눈길을 주십시오. 그것만으로도 충분합니다.

그 시절로 돌아가 보면, 부에노스아이레스 대교구장 자리는 역사적으로 항상 추기경으로 가는 자리였기 때문에, 저는 추기경 복장이 이내 주어질 것임을 어느 정도 예상하고 있었습니다. 그리고 실제로 그렇게 되었습니다. 2001년, 요한 바오로 2세는 43명의 다른 형제들과 함께 저를 추기경으로 서임하기로 하셨습니다. 저는 높아지려면 낮은 사람이 되어야 한다는 복음적 확신을 가지고 기도하면서 그 새로운 결정을 종교적 관점으로 살아내려 했습니다. 그해 2월 21일 로마 성 베드로 광장에서는 추기경 회의가 열렸습니다.

그런데 같은 해 9월 11일, 미국에서 발생한 테러로 전 세계가 충격에 휩싸이게 될 줄은 그 누구도 상상하지 못했습니다.

X.

9·11 테러

대교구청은 사제, 수녀, 사무원, 청소부, 기술자, 관리인 등 등 수많은 사람들로 하루 종일 북적였다. 9월 11일 아침도 마찬가지였다. 건물 앞에 주차된 트럭에서는 물건을 내리느라 분주했고, 전기 기술자는 사다리 위에 올라가 불이 나간 사무실의 전구를 갈고 있었다.

전구를 교체해야 하는 사무실 중에는 대교구장 비서인 오틸리아의 사무실도 있었다. 오틸리아는 담배를 피우며 한 귀로는 전기 기술자의 말을 들으면서, 다른 귀로는 추기경 베르골료 대교구장 방에서 오는 전화를 기다리고 있었다. 오틸리아는 조금 긴장한 얼굴이었다. 추기경을 만나려고 찾아오는 사람들이 매일같이 끝없이 이어졌고, 그 사람들을 맞이하는 것이 오틸리아의 임무였기 때문이다. 거의 모든 약속은 베르골료 추기경이 직접 잡았기 때문에 오틸리아는 누가 찾아올지 알 수 없었다. 많은 사람이 추기경 각하라고 부르는 대신 여전히 호르헤 신부님이라고 불렀다.

이제 64세가 된 베르골료 추기경은 그날도 여느 아침과 마찬가지로 일반 성직자 복장을 한 채 검은 가방을 들고서 대교구장 집무실에 도착했다. 그는 대교구청 3층에 있는 숙소에 살고 있었다. 욕실이 딸린 침실과 책장이 있는 방이 있고, 그 방 뒤편으로 서재가 있었으며 조그만 경당이 있었다. 옷장 속에 있는 추기경 복장은 선임자였던 콰라시노 추기경이 입던 것을 물려받아 수선한 것이었다.

방 선반에는 아시시의 프란치스코 상과 베르골료 추기경이 자신을 봉헌했던 리지외의 소화 데레사 사진, 그리고 큰 십자가 하나가 있었는데, 베르골료 추기경은 매일 이 십자가 앞에서 손을 벽에 대고 기도했다. 또 다른 가구에는 요셉 상이 있었는데, 그가 예수회 관구장일 때부터 간직해오던 것으로, 어려운 상황에 처하면 그 상황을 적어 요셉 상 아래 올려놓곤 했다.

거대하고 위엄 있는 대교구청은 도심에서 약 20킬로미터 떨어진 고급스러운 주택가에 있었다. 하지만 새로운 추기경은 그곳을 영적 수련을 위한 집으로 바꾸고자 했다. 그는 유서 깊은 대교구장 집무실을 포기하고 더 작고 소박한 방을 선택했다. 호화로운 방들은 책이나 물건, 식료품을 보관하는 창고로 바꾸었는데, 모두 필요한 이들에게 나누어줄 것들이었다. 선물로 받은 것을 가장 필요한 사람에게 나눠주는 관습은 예수회에서 지켜오던 것이었다.

새 추기경은 지하철이나 버스를 타고 다녔기 때문에 기사가 딸린 리무진도 필요하지 않았다. 9월 10일, 베르골료 추기경은 대중교통을 타고 이동하다가 우연히 젊은 교사 한 무리를 만났다. 베르골료 추기경은 그들과 짧은 대화를 나누었는데, 그들은 쾌활하게 내일이 스승의 날이니 만나면 어떻겠냐고 했다. 실제로 아르헨티나에서는 공교육 발전에 평생을 헌신한 전 대통령이자 작가 도밍고 파우스티노 사미엔토를 기념하여 9월 11일을 스승의 날로 지내고 있었다. 교구청으로 돌아온 베르골료 추기경은 일정을 확인하고 낮에 만났던 교사에게 전화를 걸어 다음 날 만남을 확정했다. 그래서 비서 오틸리아는 아침 접견 목록에 그들의 이름을 올리게 되었다.

9월 11일 오전 10시 20분, 사업가 대표단이 추기경 집무실에서 막 나가고, 문이 다시 열렸다. 자기 방에 머무르고 있던 베르골료 추기경의 귀에 흥분한 사람들이 웅성거리는 소리가 들렸다. 목소리를 높이는 이들도 있었다. 사람들이 평소와 달리 사무실 밖으로 몰려나와 있었다. 베르골료 추기경이 문밖을 내다보니 교구청 직원들이 텔레비전 앞에서 꼼짝도 하지 않고 화면을 쳐다보고 있었다. 가까이 다가가서 보니 텔레비전에는 영화에서나 볼 법한 장면이 나오고 있었다. 맨해튼의 쌍둥이 빌딩 가운데 하나가 화염에 휩싸여 있었다. 얼마 전에 미국에서 벌어진 실재 상황이었다. 미국 특파원은 비행기가 고층 빌딩에 충돌했다는 소식을 전하고 있었다.

베르골료 추기경은 손목에 차고 있던 시계를 확인했다. 10시 30분이었고, 새로운 방문객을 맞이할 시간이었다. 하지만 텔레비전에 나오는 장면이 너무도 놀라워서 몸이 거의 마비될 지경이었다. "어떻게 된 거죠?"라고 물어볼 새도 없이 두 번째 비행기가 다른 타워에 충돌했다.

"성모님….."

베르골료 추기경이 속삭이듯 내뱉은 유일한 말이었다. 그는 눈을 감고 고개를 숙이며 기도했다. 어두운 연기구름이 맨해튼 거리를 뒤덮고 있었고, 먼지를 뒤집어쓴 사람들이 도망가려고 몸부림치고 있었다. 어떤 이는 화염에 휩싸인 채 건물에서 몸을 던졌고, 겨우 탈출한 다른 사람들은 얼굴에 묻은 피를 닦지도 못한 채 도움을 요청했다. 소방대와 구급차의 사이렌 소리가 들렸다. 어떤 사람은 울고 있었고, 어떤 사람은 비명을 지르고 있었다. 묵시록에 나올 법한 세상 종말과 같은 장면이었다. 이 공격으로, 거의 3000명에 가까운 사망자가 집계되었다.

そ의 영상을 보며 가슴이 찢어지는 듯했습니다. 한번도 생각해보지 못한 충격적인 장면이었어요. 세계무역센터 안에 있을 사람들과 그들의 가족이 가장 먼저 떠올랐습니다. 그들은 얼마나 비극적인 시간을 보내고 있을지. 저는 주님께 그들의 고통을 덜어주시고 무고한 희생자들을 주님 면전으로 맞이해달라고 기도했습니다. 저는 그들을 생각하며 울었습니다.

그날 아침 저는 두 번째 비행기가 쌍둥이 빌딩에 충돌하는 영상만 보았어요. 그리고 나중에는 첫 번째 비행기와 펜타곤 공격 영상, 펜실베이니아에 추락한 비행기의 영상도 보았습니다. 그 영상 속에서 당황한 채 먼지를 뒤집어쓰고 도망치거나 구조되는 사람들을 보았습니다. 안타까운 일이었습니다. 그들을 떠올릴 때마다 전 세계에서 벌어지는 전쟁과 폭탄 아래서 생을 마감하는 이들의 고통이 떠오릅니다.

2001년 9월 11일, 전쟁은 서구의 심장부에까지 도달했습니다. 전쟁은 더 이상 중동이나 아프리카 또는 아시아의 일부에만 국한된 문제가 아니었어요. 제1세계 주민들과는 상관없는 그런 문제가 아니었습니다. 미국이 공격을 받았으니까요.

사실, 첫 번째 비행기가 충돌했을 때는 모두 사고라고 생각했습니다. 하지만 두 번째 비행기가 충돌하면서 테러 공격이라는 게 명백히 드러났지요. 테러가 발생했고, 세계는 다시 전쟁의 악몽으로 빠져들고 있었습니다. 당시 신문이나 인터넷에는 일부 음모론자들의 추측성 글이 퍼져 나갔습니다. 그날 아침 세계무역센터에 근무하던 유대인들이 경고를 받고 출근하지 않았다는 추측성 가설이었어요. 이런 말도 안 되는 비난은 당시 벌어진 일들보다 깊은 상처를 남겼습니다. 대량 학살의 희생자가 된 무고한 사람들을 손가락질하는 것이었기 때문입니다.

그날은 종교를 불문하고 모두가 슬픔의 눈물을 흘렸습니다. 형제를 살인한 사건 앞에서, 대화와 공존이 사라진 상황 앞에서 많은 눈물을 흘렸습니다. 전례 없는 폭력 행위였고, 종교성을 부정하는 행위였으며, 무고한 사람들을 부당하고 무의미하게 파괴한 사건이었습니다.

하느님의 이름을 사용하여 학살, 살인, 테러를 저지르거나 개인이나 국민 전체에 대한 박해를 정당화하는 것은 신성모독입니다. 악을 저지르고자 주님의 이름에 호소할 수는 없습니다. 성직자의 임무는 종교의 이름으로 증오를 정당화하려는 그 모든 시도를 비판하고 밝혀내는 것입니다. 즉, 하느님에 대한 이런 우상숭배적인 왜곡을 단죄하는 것입니다.

테러가 발생하던 날, 죽음이 모든 것을 장악하는 듯 보였지만 어둠 속에서도 사랑의 불꽃이 타오르고 있었습니다. 그 참혹한 고통 속에서도 인간은 선함과 영웅심을 보여주었습니다. 구조대원을 돕기 위해 나선 사람들, 음식과 물을 나눠준 사람들, 경찰에게 가게 문을 열어준 사람들, 멀리서 담요와 생필품을 가져다준 사람들을 떠올립니다. 자기 이익만 추구할 것 같았던 대도시에서 펼쳐진 도움의 손길은 모두를 위한 연대의 힘을 보여주었습니다.

그 순간 종교, 혈통, 출신, 정치적 견해 차이는 형제애라는 이름 아래 허물어졌습니다. 그들은 모두 미국인이었고 그 점을 자랑스러워했습니다. 한 명이라도 더 구하기 위해 붕괴 직전의 빌딩으로 뛰어든 경찰과 소방관들도 생각납니다. 그들은 모든 위험을 무릅쓰고 자신의 목숨보다 다른 사람의 목숨을 먼저 생각했습니다.

2015년 저는 그라운드 제로 추모 기념관을 방문했습니다. 저는 그 상징적인 장소에서 종교 간 대화를 이어갔습니다. 그리고 주님께 희망 안에서 우리를 강하게 해주시고, 세상을 위해 일하도록 용기를 달라고 청했습니다. 그래서 평화와 사랑이 모든 사람의 마음을 지배하는 세상이 될 수 있기를 빌었습니다. 그 자리에서 저는 임무 수행 중 순직한 구조대원의 가족을 만날 수 있었습니다. 그들의 눈에는 슬픔이 가득했지만, 저는 그들의 눈 속에서 죽은 가족에 대한 기억과 사랑의 힘도 보았습니다. 많은 사람이 사랑하는 이들을 기리며 용서를 시작하고 있었습니다. 사랑하는 이들이 복수를 원하지 않았을 것이기 때문입니다. 우리는 매일 평화를 위해 노력해야 합니다. 특히 끝날 것 같지 않은 전쟁을 치르는 나라를 위해서는 더욱 그렇습니다.

테러 다음 날인 9월 12일, 우리 모두는 교황 요한 바오로 2세와의 친교 안에서 함께 기도했습니다. 교황님은 일반 알현 시간에 이 슬픈 사건을 언급하며 죄 없는 많은 사람이 고통당하게 된 그 시기 "파괴적인 폭력의 공포 앞에서" 우리를 구해달라고 하느님께 간구하셨습니다. 교황님은 우리 모두 인류 역사상 있어왔던 수많은 어두운 날 가운데 하루를 살고 있으며, 미국에서 일어난 일은 인간 존엄성에 대한 끔찍한 모욕이라고 말씀하셨습니다.

그달 말 저는 세계주교대의원회의를 위해 바티칸에 갔을 때 다른 형제 추기경들과 함께 이상적인 주교의 모습에 대해 교황님과 이야기를 나누었습니다.

부에노스아이레스에 봄이 시작되면 로마는 가을이 시작된다. 테베레 강변에 늘어선 나뭇잎들은 노랗게 물들어 바람에 휘날리고, 황금빛 햇살은 계절의 색채와 따뜻하게 어우러진다. 강변에는 그림자가 길어지며 산탄젤로 다리에 세워진 조각상들이 물에 비치면서 서로 어우러진다. 그 위로 외투를 걸친 사람들이 어느새 차가워진 바람에 몸을 피할 곳을 찾는 모습도 눈에 들어온다.

베르골료 추기경은 십여 일 전 로마에 도착해 있었다. 2월 추기경 회의 이후 벌써 세 번째 이탈리아 방문이었다. 그는 친척들을 만나기 위해 토리노에 잠시 머물렀다. 그곳에서 사촌 카를라의 집에 잠시 머무르다가 시노드(시노드synod는 '함께 걷는 길'이라는 뜻으로, 세계주교대의원회의를 세계주교시노드라고 한다.—옮긴이)에 참석하기 위해 로마로 올라갔다.

그림엽서에 나올 듯한 로마 풍경의 환상은 요란한 자동차 경적 소리에 깨져버렸다. 테베레강 둔치는 끝없는 자동차와 오토바이 행렬로 마비되어 있었다. 택시 기사 하나는 창문 너머로 다른 운전자에게 시비를 걸고 있었고, 버스는 교통 체증으로 서행하고 있었으며, 대학생들은 버스 연착에 항의하고 있었다. 그러는 한편 관광객들은 무리 지어 성 베드로 광장으로 걸어가거나 테베레강을 배경으로 친구들에게 보여줄 인생 사진을 찍으려 하고 있었다.

신문 가판대에는 여전히 9·11 테러에 관한 신문과 잡지가 진열되어 있었다. 이탈리아에서도 그 사건은 중요한 이슈였다. 비극이 발생한 지 한 달도 지나지 않은 10월 7일 아프가니스탄에서는 미국과 동맹국의 '항구적 자유 작전'이 시작되었다. 이 작전은 탈레반 지도자 물라 오마르가 미국 테러의 주범인 알카에다 수장 오사마 빈 라덴의 인도를 거부함으로써 시작되었는데, 반군을 지원하기 위한 공중 폭격과 함께 지상 공격이 이루어졌다. 세계가 다시 한번 전쟁의 포화 속으로 들어간 것이다.

베르골료 추기경은 신문 가판대에 진열된 신문들을 훑어보며 서둘러 발걸음을 옮겼다. 다행히도 그는 교통 체증에 시달리지는 않았다. 베르골료 추기경은 나보나 광장 근처의 비아 델라 스크로파에 있는 성직자 숙소에서 지내고 있었고, 주교시노드가 열리는 바티칸까지는 걸어서 25분이면 충분했다. 베르골료 추기경은 세계주교대의원회의의 총보고관relatore generale(주교시노드를 총괄하는 직책—옮긴이)으로 전 세계 주교 및 추기경들과 긴밀히 협력하여 선언문 초안을 작성하고 있었다.

10월 2일 총회에서는 베르골료 추기경이 직접 주교상像에 대한 생각을 발표했다. 그는 그 자리에서 목자는 가난한 사람을 우선해야 하며, 선교사 정신을 가져야 하고, 사회에서 버려진 사람들을 위한 정의의 예언자가 되어야 한다고 강조했다. 베르골료 추기경은 1996년 스페인 주교들을 대상으로 영성 피정을 지도할 때 썼던 묵상문을 인용하면서 모국어로 짧은 연설을 했는데, 지키고 감독하는 목자와 돌보는 목자의 차이에 관한 것이었다.

감독하는 것은 교리와 사람들이 하는 표현과 실천 안에 담긴 태도를 관리, 감독하는 의미에 가깝다면, 돌본다는 것은 마음속에 소금과 빛이 있는지를 돌보는 것입니다. 지킨다는 것은 임박한 위험에 대한 경계를 의미하며, 돌본다는 것은 주님께서 저희를 위해 구원을 준비하시는 바로 그 방식으로 인내심을 갖고 견디는 것을 의미합니다. 지키기 위해서는 깨어 있으면서 기민하고 빠르게 대처하는 것만으로도 충분합니다. 하지만 돌보려면 온유함과 인내, 자비가 필요합니다. […] 감독하고 지킨다는 것은 통제를 의미합니다. 반면 돌본다는 것은 희망을 의미합니다. 자비로운 아버지가 가진 희망은 자녀의 마음이 커져나가도록 돌보아줍니다.

몇몇 동료들이 베르골료 추기경에게 다가왔다. 어떤 이들은 베르골료 추기경의 연설에 찬사를 보냈고, 어떤 이들은 주교상뿐 아니라 다른 주제에 대해서도 논의하고 싶어했다. 그러면서 신문에 실린 뉴스들에 관해서도 함께 이야기했는데, 그 주제 가운데는 쌍둥이 빌딩 공격 이후 미국이 주도하는 테러와의 전쟁도 있었다.

제가 총보고관으로 임명된 것은 9·11테러 때문이기도 합니다. 원래는 뉴욕 대교구장 에드워드 이건 추기경님이 총보고관이 될 예정이었어요. 이건 추기경님은 교황님께 테러가 일어난 지 한 달째가 되는 10월 11일에 기념식에 참석하기 위해 귀국할 수 있도록 허락해달라고 요청하셨습니다. 이건 추기경님은 테러 피해자들, 특히 현장에서 쓰러진 희생자 가족과 구조대원 곁에 머무는 것이 자신의 의무라고 생각하셨습니다. 그래서 이건 추기경님은 바티칸에서의 중요한 일정에도 불구하고 교황님께 미국으로 돌아갈 수 있도록 허락해달라고 요청했고, 교황님께서도 당연히 동의하셨습니다. 그리고 교황님은 저를 총보고관으로 임명하셨어요. 처음에는 그 역할이 두려웠지만, 하느님의 은총으로 모든 것이 잘 진행되었습니다.

저는 시노드의 특별 서기이자 오리아 주교였던 마르첼로 세메라로 몬시뇰과 같이 일하며 총회를 진행했습니다. 그분도 추기경이 되셨지요. 우리는 잠시 쉬는 동안 주교단의 다른 형제들과 함께 아프가니스탄 전쟁과 미국에서 일어난 공격들, 그리고 신의 이름으로 자행된 공격을 규탄하는 데 이슬람 지도자들이 동참해야 한다고 이야기했습니다. 일부 근본주의자들의 침묵은 무슬림 형제자매들에 대한 좋지 않은 감정을 불러일으켰고, 안타깝게도 이러한 상황은 수년 동안 지속되었습니다.

그리스도인과 무슬림은 서로를 적으로 여기지 않고, 문화적·종교적 차이를 인정하며 함께 대화하고 걸어가도록 부르심을 받았습니다. 우리는 이슬람 형제자매들을 여정의 동반자로 환영해야 합니다. 우리는 기본 권리와 자유, 특히 종교의 자유를 인정하고 시민사회의 건설자가 됨으로써 더 공정하고 평등한 세상을 만들어나가야 합니다. 증오를 부추기고 폭력을 선동하는 사람들도 있습니다. 하지만 우리는 사랑과 교육으로 대응하며 젊은 세대를 선으로 이끌어, 증오의 오염된 공기를 형제애의 산소로 바꾸어 나가야 합니다.

저는 2019년 아랍에미리트에서 저의 형제이자 알 아자르의 위대한 이맘인 아마드 알 타이이브와 함께 「세계 평화와 공존을 위한 인류 형제애에 관한 문서」에 서명했습니다. 우리가 서명한 문서의 한 구절을 소개하겠습니다.

국제정치와 세계경제의 설계자인 세계의 지도자들에게 관용, 공존, 평화의 문화를 확산하고, 무고한 피 흘림을 멈추도록 가능한 빨리 개입할 것을, 그리고 현재 세계가 겪고 있는 전쟁, 분쟁, 환경 파괴, 문화적·도덕적 타락을 종식시킬 것을 촉구한다.

우리는 평화와 정의와 선과 형제애의 가치를 재발견하고, 모두를 위한 구원의 닻으로서 이러한 가치의 중요성을 확인하며, 이를 전파하기 위해 노력해야 한다고 진심으로 호소했습니다.

우리와 다른 모습을 지닌 이들에 대한 의구심을 극복하고, 자기 고향을 떠나야만 했던 수많은 그리스도인에 대한 박해를 막기 위해서는 형제애가 절실히 필요합니다. 그들은 초대 그리스도교 공동체와 마찬가지로 신앙이라는 보물을 지키기 위해 피난길에 오른 사람들입니다. 9월 11일 이후 우리는 이전과는 다른 세상을 알게 되었습니다. 그것은 공포가 만연하고 테러리스트의 손에 의해 이루어지는 박해의 공포가 계속되는 세상입니다. 우리는 무고한 그리스도인을 학살하는 테러리스트를 보았습니다. 그들이 무고한 사람들을 학살할 수 있었던 것은 일부 국가, 특히 그들을 막을 수 있었는데도 침묵한 국가들의 공모가 있었기 때문입니다.

교회의 역사는 이와 같은 사건들로 점철되어 있습니다. 그리스도교 박해는 예수님을 거슬러 시작되었고, 오늘날에도 복음을 증거하는 순교자들과 함께 계속되고 있습니다. 우리 시대의 순교자들인 형제자매들에게 저는 단호하게 말하고 싶습니다. 사랑으로 주님을 증거하는 일을 두려워하지 마십시오. 오만과 폭력으로 복음 전파자의 힘을 소멸시키려는 사람들에게 겁 먹지 마십시오. 그들이 육신은 죽일 수 있을지 몰라도 영혼을 지배할 힘은 없습니다.

주교회의 이야기로 돌아가서, 세계주교대의원회의는 미국에서 테러가 발생한 지 한 달이 채 되기 전에 열렸습니다. 이 자리에 참석한 주교와 추기경들은 곧 지정학적 격변이 일어나리라는 것을 분명히 인식하고 있었습니다. 거룩한 전쟁이라는 이름으로 시작된 위협과 공격을 마주하며 세계의 균형이 새롭게 바뀔 것이 분명했습니다. 종교적 광신도들이 결성한 테러 단체들이 준동할 것이고, 그런 세계적 맥락 안에서 교회는 어느 때보다 종교 간의 평화와 대화를 촉진하기 위해 행동해야 했습니다. 이 주제에 대해 우리는 모든 것을 열어놓고 토론했습니다.

회의가 끝나자 저는 아르헨티나로 돌아왔습니다. 저는 가능한 한 제 양 떼와 떨어지지 않으려고 노력했습니다. 정말 중요하고 미룰 수 없는 약속이 있을 때만 부에노스아이레스를 떠났습니다. 저에게 맡겨진 이들 가까이 머물면서 그들을 돌보는 일이야말로 제가 맡은 임무였으니까요.

2001년 12월이 되자 아르헨티나에 심각한 경제 위기가 닥쳤습니다. 국가 붕괴 직전까지 내몰렸지요. 그런데 이건 앞으로 전 세계가 겪게 될 경제 대침체의 첫 번째 경고에 불과했습니다. 이 세계적 불황은 수백만 명의 삶을 송두리째 바꿔놓았습니다.

자상함은 약자의 덕목이 아닙니다.
오히려 정신의 강직함, 주의력, 동정심,
타인을 향한 진정한 개방 그리고 사랑하는
역량을 보여줍니다.

XI.

경제 대침체

2008년 9월의 비 내리는 어느 새벽, 고요한 부에노스아이
레스 대성당의 베네치아식 모자이크 바닥 위로 발자국 소
리가 조용히 울렸다. 콘스티투시온 광장부터 걸어온 마리아
파스의 발소리였다.

　마리아와 남편 마르셀로는 몇 년째 콘스티투시온 광장
에 살고 있었다. 마르셀로는 2001년 말 아르헨티나를 휩쓴
경제 위기의 여파로 일자리를 잃고, 거리에서 폐지를 모으
며 살게 된 사람 가운데 하나였다. 마리아는 여기저기서 일
용직 일자리를 구하며 하루하루를 보냈지만, 일을 구하지
못하는 날이 많았다. 매일 아침 첫차가 출발하는 소리에 잠
을 깨어, 추위를 막아주지 못하는 낡은 담요를 뒤집어쓰고

일어났다. 마리아는 분수대에서 세수를 하고 결심한 대로 성당에 갔다. 노숙자들 사이에서 이른 아침이면 베르골료 추기경이 고해성사를 준다는 소문이 났기 때문이다.

마리아는 지난 7월 라 보카에 있는 이민자들의 성모 성당에서 추기경을 직접 만난 적이 있었다. 추기경은 그곳에서 폐지를 주워 파는 사람, 성 판매자, 불법 이민자, 인신매매 피해자, 노숙자 등 사회 주변부에 사는 이들이 모인 단체 '배제된 노동자들의 운동'이 주최하는 미사를 집전했다.

마리아의 얼굴에는 세월의 흔적이 역력했고, 머리카락은 희끗희끗했으며, 추위에 언 손은 빨갰다. 마리아는 보나리아의 성모 앞을 밝힌 촛불의 포근한 빛에 위안을 얻으며, 장궤틀 위에 앉았다. 고해소 안에는 영대를 두른 신부가 앉아 있었다.

마리아는 고백할 만한 큰 죄가 없었다. 그저 사제가 자신의 말을 들어주고 몇 마디 위로의 말을 건네주길 바랄 뿐이었다.

"용기를 내세요. 저는 당신을 잡아먹지 않아요."

베르골료 추기경의 목소리였다. 추기경은 겁에 질린 채 망설이는 마리아를 보고는 고해소에서 나와 근처 장궤틀에 앉아 가까이 오라는 손짓을 보냈다.

두 사람은 천천히 이야기를 나누었다. 말은 주로 마리아가 했다. 자신과 남편 마르셀로에 관해, 그리고 2001년 위기가 어떻게 그들의 삶을 파괴했는지에 관해 이야기했다.

베르골료 추기경은 나지막이 말했다. "미국에서도 그런 일이 일어나고 있다고 들었습니다. 경제 위기는 모든 사람에게 영향을 미칩니다. 하지만 당신과 남편 마르셀로는 온갖 문제에도 불구하고 함께 살아내고 있군요. 진정한 그리스도인이세요. 서로에게 힘을 주고 있잖아요. 저를 따라오세요. 따뜻한 음식이 필요할 것 같네요."

그렇게 말하며 베르골료 추기경은 바지 주머니에서 돈을 꺼내 마리아의 손에 쥐어주었다. 마리아는 울어야 할지, 웃어야 할지, 그를 껴안아야 할지 몰라 당황했다. 그러다 본능적으로 무릎을 꿇고 그의 손에 입을 맞췄다. 베르골료 추기경은 마리아를 일으켜 세운 다음 차와 비스킷을 마련해주었다.

교구청 사무실로 돌아오자 비서 가운데 하나인 구스타보가 물었다.

"추기경님, 우리도 신경을 써야 하지 않을까요? 인터넷을 보니 미국에서 은행 하나가 망했는데, 그로 인해 위기가 닥쳤답니다."

때는 9월 15일이었다. 그날 새벽 미국의 가장 중요한 투자 은행 중 하나였던 리먼 브라더스가 파산을 선언했다. 대출을 상환할 능력이 없는 이들에게 투기 목적으로 서브프라임 모기지 대출을 해주었는데, 그것 때문에 은행이 파산해버린 것이다. 이 모기지로 막대한 수익을 올리던 리먼 브라더스는 오히려 금융 투기의 희생양이 되었고, 은행이 만든 거대한 산업은 부메랑이 되어 돌아왔다. 회사 주가가 폭락하자 연방준비은행과 미국 재무부는 인수자를 물색했지만 결국 파산 외에는 다른 대안이 없었다. 은행 직원 2만 5000명이 정리 해고되었고, 미국 주식시장은 폭락했다. 이로 인해 남미, 유럽, 아시아 주식시장도 영향을 받았다. 당황한 사람들이 현금인출기 앞에 줄을 서서 예금을 찾으려 했고, 주택 시장 거품이 꺼지면서 대침체로 이어질 위기가 촉발되었다.

✄

실제 세계적으로 새로운 불평등과 빈곤을 낳는 연쇄반응이 일어나고 있었습니다. 저는 아직도 2008년 글로벌 금융 위기 당시 하루아침에 직장을 잃은 미국 은행 직원들이 상자를 들고 회사를 나오면서 짓던 침울한 표정을 기억합니다. 저는 평생 모은 재산과 내 집 마련의 꿈을 한순간에 잃은 사람들을 위해 기도했습니다. 그리고 그 직원들을 위해서도 기도했습니다.

당시 뉴욕을 방문했던 사람들은 무료 급식소 앞에 길

게 줄이 늘어선 모습을 이야기했습니다. 실업률은 전례 없는 수준에 이르렀고, 따뜻한 한 끼를 위해 줄은 선 사람들 중에는 며칠 전까지만 해도 다른 사람들의 돈으로 투기를 일삼던 회사의 임원들도 있었습니다. 많은 사람이 선망했던 사회적 신분 상승이 완전히 사라졌습니다. 오늘날까지도 그러한 신분 상승은 신기루로만 남아 있습니다. 현재의 경제 시스템은 지속 불가능합니다. 저는 이런 경제는 반드시 죽게 될 것이라고 여러 번 말했습니다. 더는 시간을 낭비할 수 없습니다.

우리는 시급하게 경제모델을 재고하고 우리 자신을 다시 생각해야 합니다. 가난하고 버림받은 사람들의 눈으로 세상을 바라보고, 심화되는 불평등에 맞서 싸우는 방법과 가난한 이들에 대한 무관심을 극복하는 방법을 찾아야 합니다. 미래에 대한 희망을 가질 수 있도록 젊은이들과 함께 공정과 박애에 기반한 경제모델, 즉 사람을 죽이는 것이 아니라 살리는 경제모델, 투기가 아닌 사람을 우선시하는 경제모델, 포용적이고 인간적이며 피조물을 약탈하지 않고 보호하는 경제모델을 개발해야 합니다. 저는 회칙 「모든 형제들」에서 이렇게 말한 바 있습니다.

기업이나 시장의 자유에 대해 몇몇 사람이 가진 권리가 온 민족의 권리와 가난한 사람들의 존엄성보다 우선할 수 없습니다. […] 우리는 신자유주의 신념이라는 것을 교리로 믿고 싶어 하지만 시장만으로 모든 것을 해결할 수는 없습니다.

시장을 비난하려는 게 아닙니다. 다만 저는 그 체제가 만들어왔고, 또 지금도 생산하고 있는 위험들과 그로 인해 발생하는 문제점들을 강조하고 싶습니다. 예를 들어, 이전에는 공공의 방식으로 자원을 관리하던 분야에까지 시장 체제가 침투하는 걸 생각해보세요.

인간과 환경 모두에 친화적인 윤리적 관점에서 볼 때, 우리가 기울여야 할 노력은 '시장을 문명화하는 것'입니다. 우리는 시장이 효과적으로 부를 만들어내는 일뿐만 아니라 통합적인 인간 발전에 기여할 것을 요구해야 합니다. 우리는 지구의 불평등과 착취가 체계적으로 증가하는 것을 막기 위해 단결해야 합니다. 불평등과 착취는 오직 이윤만을 추구하는 체계의 산물로서, 중심부와 주변부의 격차를 증가시키는 원인 가운데 하나입니다. 우리는 '가난한 사람들도 회의에 참석해서 발언하고, 자기 몫의 빵을 가져갈 수 있는 존엄한 사람이라는 것'을 받아들여야 합니다. 이것은 복지주의 그 이상을 의미합니다. 우리는 지금 무엇에 우선순위를 두어야 하는지, 정치와 사회 질서에서 타자의 위치가 무엇인지를 이야기하고 있습니다. 우리는 생각을 변화시키고 개혁해야 합니다.

저는 경제 위기의 영향을 가까이에서 목격했습니다. 미국발 위기가 닥치기 훨씬 전이었던 2001년 말, 아르헨티나는 이미 나락으로 떨어졌습니다. 은행이 무너지고 정부가 은행 계좌를 동결했으며 수많은 기업이 파산했죠. 수많은 아르헨티나 사람이 빈곤층으로 전락해버렸습니다.

2001년 크리스마스 직전 우리는 카리타스 본부에서 '아르헨티나 대화 테이블'을 열기로 했습니다. 아르헨티나의 시민 및 종교 지도자들을 모아 해결책을 찾으려던 자리였습니다. 저는 아르헨티나 주교회의 의장이자 부에노스아이레스 대교구장으로서 그 자리에 참석했는데, 페르난도 데 라 루아 대통령도 그 자리에 있었습니다. 데 라 루아 대통령은 당시 경제 문제로 시민들의 항의를 받고 있었는데 국가비상사태까지 선포하자 수백만 명이 거리로 나와 냄비를 두드리며 정부의 퇴진을 요구했습니다. 대통령 관저까지 시민들의 표적이 되자, 데 라 루아 대통령은 헬리콥터를 타고 도주하여 몇 시간 만에 사임해버렸죠.

교회는 그 즉시 봉사 체제로 전환했습니다. 도움이 필요한 이들을 위해 일종의 야전병원이 된 거죠. 우선 본당을 개방하여 노숙자들을 맞아들였습니다. 여유가 있는 신자들에게는 생필품을 기부해달라고 요청했고요. 의료 센터를 열고, 오븐을 설치해 빵을 구워서 나눠주기도 했습니다. 제가 자원봉사자들에게 부탁한 것은 단 하나, 사람을 우선시하고, 도움이 필요한 이들에게 먼저 귀를 기울이는 것이었습니다.

제가 경청을 강조하는 이유는 분명합니다. 2008년 리먼 브라더스 사태와 같은 많은 위기는 대기업들 때문에 일어났습니다. 그들이 돈을 신으로 모시며 자신의 이익만 생각하는 대신 작은 기업들의 목소리에 한번이라도 귀를 기울였다면 그런 위기는 피할 수 있었을 겁니다.

저는 그로부터 몇 주 뒤에, 아르헨티나에서 유명한 순례를 계기로 경청의 중요성을 이야기할 기회를 얻게 됩니다.

루한의 성모 성지 앞 벨그라노 광장은 100만 명에 이르는 젊은이로 붐볐다. 원래 크기보다 작게 모사한 성모상을 가마에 맨 순례 행렬은 10월 4일 정오 부에노스아이레스 산카예타노 성지에서 출발해 15시간 넘게 60킬로미터를 걸어서 마침내 이 광장에 도착했다.

순례에 참여한 사람들은 제각각이었다. 성모 마리아께 기적을 청하는 사람도 있었고 그저 성모님에 대한 신심으로 참가한 사람들도 있었다. 경제 위기로 모든 것을 잃은 후 일자리나 집을 구할 수 있도록 은총을 구하는 사람, 짝을 찾게 해달라고 청하는 이도 있었고, 좋은 기말 성적처럼 아무리 루한의 성모님이라 하더라도 이루어주기 어려울 법한 기적을 의탁하는 이들도 있었다.

2008년 10월 5일 일요일 오전 6시 45분, 성지 앞에서 순례 행렬이 모시고 온 성모상이 푸른 망토를 걸친 본래의 성모상과 만났다. 순례에서 가장 감동적인 순간이었다. 베르골료 추기경은 다른 주교, 사제들과 함께 광장에서 엄숙한 미사를 거행했다. 그도 루한의 성모에게 자신을 봉헌했다. 그해 순례의 주제는 "어머니, 우리에게 경청하는 법을 가르쳐 주소서"였으며, 베르골료 추기경은 경청에 관해 이야기했다.

우리가 경청하는 법을 배운다면, 우리가 서로의 말을 듣는 법을 배운다면 얼마나 많은 문제가 해결될까요? 상대방의 말을 듣는다는 것은 잠시 멈추어 상대방의 삶과 마음속에 머문다는 의미이기 때문입니다. 또한 무관심하게 지나치지 않는다는 뜻이기도 합니다. 사실 일상생활 속에서 우리는 상대방의 삶에 무관심하고, 상대방이 말하고 싶어 하는 바에 관심이 없으며, 상대방이 말을 마치기도 전에 대답하는 것에 익숙해져 있습니다. 우리가 경청하는 법을 배운다면 상황이 얼마나 달라질지…. 남편과 아내, 부모, 자녀, 형제자매가 서로의 말을 듣는 법을 배운다면 가정이 얼마나 달라질지…. 하지만 우리는 상대가 무엇을 말하고 싶어 하는지를 깨닫기도 전에 대답하려는 경향이 있습니다. 경청하는 것이 두려운 걸까요? 경청한다면 직장에서 얼마나 많은 것이 바뀔까요? 지역 사회에서 얼마나 많은 것이 바뀔까요? 우리가 같은 국민으로서 서로의 말을 듣는 법을 배운다면 우리나라가 얼마나 많이 바뀔까요? 어머니, 자신의 삶을 말하고 싶어 하는 사람들, 고통으로 가득 찬 삶을 말하려는 이들을 기꺼이 받아들일 수 있게끔 우리에게 침묵을 가르쳐주시기를 청합니다.

광장에서 큰 박수가 터져 나왔다. 그들 가운데는 폐지를 주우며 살아가는 사람도 많았고, 가난한 마을 출신도 많았다. 또한 사업이 망하는 것을 지켜보며 눈물만 흘렸던 이들도 있었다. 글로벌 경제 위기는 아르헨티나 사람들의 삶에도 변화를 가져왔다. 하지만 아르헨티나는 이미 앞서 경제 위기를 겪었기 때문에 어느 정도 위기에 대응할 체계를 갖추고 있었고, 그래서 글로벌 경제 위기가 아르헨티나의 재정에는 큰 영향을 미치지 않았다. 물론, 주식시장이 심각한 침체를 겪으면서 자산가들의 히스테리가 촉발된 것은 사실이다. 그리고 대두유, 밀, 목탄, 석유와 같은 제품의 수

출 가격이 하락하고 페소가 달러 대비 10퍼센트 가까이 평가 절하됐다. 하지만 그 영향이 세계의 다른 지역만큼 치명적이지는 않았다. 이미 나라 안에 외국 자본이 남아 있지 않았기 때문이었다.

✂

사실 우리는 2001년에 이미 최악의 타격을 입었었어요. 미국발 금융 위기가 닥쳤을 때는 몇몇 업종만 큰 타격을 입었을 뿐입니다. 저는 베네딕토 16세의 말씀을 기억합니다. 교황님은 리먼 브라더스의 파산과 그로 인한 대침체를 언급하시면서, 미국 대형 신용기관의 붕괴는 우리가 지니고 있던 근본적인 오류를 드러내주는 사건이었다고 말씀하셨습니다. 참된 하느님이 또다시 탐욕과 우상숭배로 가려지고 맘몬으로 변질된 지상의 부가 우상화되었을 뿐만 아니라 찬양받고 있음이 드러난 사건이라고 말입니다.

미국에서 일어났고 전 세계에 영향을 미치게 된 이 사태는 사람들의 병든 사고방식에서 비롯된 것이었습니다. 그들은 돈으로 돈을 벌면서 가장 약한 이들을 뼈까지 갉아먹으려고 했습니다. 그건 지금도 마찬가지입니다. 인류의 유익을 위해서는, 모든 것의 중심에 노동이 있어야 한다는 것을 사람들은 아직도 깨닫지 못했습니다. 노동이야말로 경제를 돌리고 인간에게 존엄성을 가져다줄 수 있는 유일하고 참된 동력입니다. 우리가 만약 매사의 중심을 노동 대신 돈이라는 우상으로 대체한다면, 경제 체계는 더 이상 새로운 일자리를 창출할 수 없게 되고 실업률이 상승하여 수백만 명의 미래를 앗아가게 될 것입니다.

유감스럽게도 오늘날 젊은이들은 점점 더 비싸지는 임대료와 치솟는 모기지 대출을 감당할 수 있는, 적절한 임금의 안정적인 일자리를 찾기가 더욱 어려워지고 있습니다. 그래서 부모가 젊은이들을 감당해야 하는 상황이 자주 벌어집니다. 일자리가 없는 곳에는 존엄성이 없습니다. 이는 비극적인 일이며, 병든 경제의 결과입니다.

바로 이런 때에 정치가 개입해야 한다는 것을 다시 한 번 강조하고 싶습니다. 정치적 개입으로 사태를 바로잡지 않는다면 시장은 점점 더 야만적으로 변할 뿐 아니라 더 불평등해질 것이기 때문입니다. 자문해봅시다. 젊은이들이 일자리를 찾지 못하고 실업자로 남는다면 평생을 일한 사람들의 연금은 누가 지불할까요? 저는 루한 성모 순례에서 품위 있는 일이라면 작은 일이라도 괜찮다며 성모님께 간구하던 젊은이들을 기억합니다.

기적의 성모님 앞에서 얼마나 많은 기도를 들었는지, 위기와 실직에서 벗어날 은총을 청하는 이가 얼마나 많았는지! 루한에 모인 사람이 많았던 만큼 고해성사를 하려는 사람도 많아서 항상 장사진을 이루었습니다. 저도 다른 신부님들과 함께 매주 토요일 오후 6시부터 10시 15분까지 고해성사를 주러 가곤 했습니다. 그런 다음 샌드위치나 피자 한 조각을 먹고는 새벽 1시에 알람시계를 맞춰놓고 잠을 청하곤 했죠. 그리고 성지로 다시 돌아와서 6시나 6시 30분까지 고해성사를 주었습니다. 그리고 정각 7시가 되면 순례자들과 함께 미사를 봉헌했습니다.

한번은 순례에서 앙헬 페르난데스 아르티메 신부님을 만났습니다. 그는 나중에 살레시오회 총장이 되었고 2023년 9월에 추기경이 되셨죠. 당시 아르티메 신부님은 돈 보스코 수도회의 아르헨티나 관구장이었어요. 그는 스페인에서 왔다고 자신을 소개했습니다. 그래서 그날 이후 저는 그를 가예고라고 불렀어요. 사실 우리 아르헨티나 사람들은 스페인 사람이면 누구나 애정 어린 농담을 담아 가예고라고 부르곤 합니다. 실제로 갈리시아 출신이 아니더라도요(아르헨티나에서 스페인 사람을 갈리시아 사람이라는 뜻의 가예고라고 부르는 데는, 19세기와 20세기 초반 아르헨티나로 이주한 스페인 사람 상당수가 갈리시아 지역 출신이었던 배경이 있다.—옮긴이).

고해성사 이야기로 돌아와서, 저는 고해성사를 본 많은 순례자가 루한에 다녀온 뒤 그들이 찾고자 하던 답을 찾았다는 사실을 증언할 수 있습니다. 그들은 고해성사를 하고 나서, 입가에 미소를 지으며 자신을 괴롭히던 상황에 대처할 방법을 찾았다고 말했습니다. 그들은 성모님께서 자신들에게 영감을 주셨다는 확신이 있었습니다.

어느 날 밤 스물대여섯밖에 안 된 청년이 저를 찾아와 고해성사를 했습니다. 그 청년은 키가 크고 건장했으며 팔에 문신을 하고 긴 머리에 귀걸이를 하고 있었습니다. 그에겐 아버지가 없었던 것으로 기억합니다. 청년은 저에게 이렇게 말했습니다. "큰 문제가 있어서 여기 왔습니다. 어머니께 말씀드렸더니, 어머니는 '루한으로 순례를 가면 성모님께서 답을 주실 거다'라고 하셨어요. 의심스러웠지만 어머니의 말씀을 듣고 이곳에 왔습니다." 저는 그에게 성모님 앞에서 기도를 드렸는지, 원하는 답을 찾았는지 물었습니다. 그는 웃으며 대답했습니다. "그분을 보고 나니, 이제 제가 무엇을 해야 할지 알 것 같아요." 저는 이런 농담을 던졌습니다. "보게나. 이제 나는 필요 없는 듯 보이네만." 우리는 웃음을 터뜨렸고 저는 그를 안아주었습니다. 그 청년은 자신의 삶으로 돌아갔지요.

기적을 구하러 일 년 내내 성지를 찾는 사람도 많았습니다. 제가 직접 목격한 한 남자의 이야기를 말씀드리겠습니다. 그는 열 살쯤 된 딸을 둔 노동자였습니다. 그의 딸이 감염병으로 위독했는데, 의사는 딸이 그날 밤을 넘기기 어려울 거라고 말했다고 합니다. 남자는 아내와 딸을 병원에

둔 채 기차를 타고 루한에 찾아왔습니다. 도착했을 때 이미 저녁 10시가 넘어서 문은 닫혀 있었습니다. 그는 그래도 포기하지 않고 밤새도록 문밖에서 딸을 생각하며 투쟁하는 마음으로 간청했습니다. 아침 6시에 성지 문이 열리자마자 안으로 들어가 성모상 앞에서 기도했다고 해요. 그런 다음 서둘러 딸이 있는 병원으로 돌아갔습니다. 그런데 병원에 도착해보니 아내도 딸도 없는 겁니다. 그는 전보다 훨씬 큰 절망을 느꼈고, 이제 끝났다고 생각했답니다. 그런데 아내에게 연락이 왔습니다. 도저히 설명할 수 없는 일이 일어났다고, 딸이 다 나았다고 말이죠. 딸이 기적적으로 치유된 것은 그 아버지가 밤새 성지의 창살에 기대어 루한의 성모님께 기도하며 투쟁한 덕분이었습니다. 주님은 그의 기도를 들으시면서 그의 곁에 머물러 계셨습니다. 그렇게 그 아버지와 딸을 지키고 계셨던 거죠.

세상에는 이런 믿음이 더 많이 필요합니다. 이런 강한 믿음은 필요한 것을 얻기 위해 투쟁하도록 이끌어주기 때문입니다. 이런 강렬한 믿음은 라틴아메리카에서 특히 두드러지는 것 같습니다. 라틴아메리카의 고유문화와 그리스도교 신앙의 만남에서 비롯된 대중 신심의 결실로, 다른 지역에서는 드물게 보입니다. 이런 믿음 역시 세속화된 세상에 주님께서 주시는 선물입니다. 그분께서는 역사 속에서 활동하시는, 살아계신 하느님이시기 때문입니다.

그보다 한 해 전이었던 2007년 5월, 브라질의 아파레시다에서도 이런 일을 목격했습니다. 아파레시다는 매년 전 세계에서 1000만 명 이상의 순례자가 찾는 세계 최대의 성모 성지 가운데 하나입니다. 저는 이곳에서 열린 라틴아메리카 및 카리브해 주교회의 총회에 참석했고, 당시 위원회 의장을 맡고 있었습니다. 아르헨티나 가톨릭대학교 교수인 빅토르 마누엘 페르난데스 신부님과 긴밀히 협력했고, 때때로 새벽 3시까지 문서 작업을 하기도 했습니다. 정말 은혜로운 순간이었습니다. 우리 방 창문 밖에서 순례자들이 부르는 노래와 기도가 들려와, 회의 중에도 함께하는 듯했습니다. 우리는 밑에서, 곧 하느님의 사람들에게서 올라오는 모든 제안과 조언을 기쁘게 받아들였습니다. 성령이 그곳에서 일하고 계셨습니다.

주교회의 최종 문서의 기둥은 세 가지였습니다. 백성들에게 오는 모든 것을 환영하는 교회, 구세주 그리스도와의 만남이라는 선물을 나누기 위해 사람들과 다양한 공동체를 만나러 교회 문밖으로 나가는 선교하는 교회, 그리고 단순하고 진실한 방식으로 신앙을 계속 전하는 대중 신심입니다. 저는 2007년 5월 13일 베네딕토 16세께서 회의 개막 연설에서 한 질문을 아직도 바로 어제 일처럼 생생하게 기억하고 있습니다.

어떻게 교회가 긴급한 사회적, 정치적 문제 해결에 기여하고, 빈곤과 불행이라는 거대한 도전에 대응할 수 있겠습니까? […] 자본주의와 마르크스주의는 모두 정의로운 구조를 만드는 길을 찾겠다고 약속했고, 그러한 구조가 확립되면 저절로 작동할 것이라고 주장했습니다. 그들은 이전에 중시하던 개인적인 도덕성이 더는 필요하지 않을 뿐만 아니라 새로 만들어질 구조가 공동의 도덕성을 촉진할 것이라고 단언했습니다. 하지만 그들의 이데올로기적 약속은 모두 거짓으로 판명되었습니다. 지금까지 일어난 일들이 이를 증명합니다. 마르크스주의 체제가 장악한 곳에서는 경제적·생태계적 파괴라는 슬픈 유산이 남겨졌을 뿐만 아니라 영혼에 대한 고통스러운 억압도 남았습니다. 자본주의가 자리 잡은 서구에서도 같은 모습을 볼 수 있습니다. 부자와 가난한 자의 격차가 점점 더 커지고 마약과 술, 기만적인 행복의 신기루로 인해 개인의 존엄성이 심각하게 훼손되었습니다. […] 하느님이 부재하는 곳, 즉 예수 그리스도의 인간적 얼굴을 가진 하느님이 없는 곳에서는 도덕적 가치들이 온전히 드러나지 않을 것이며, 이에 대한 공감대도 형성되지 않을 것입니다. 물론, 믿지 않는 사람은 모범적이고 도덕적이며 수준 높은 삶을 살 수 없다고 말하는 것이 아닙니다. 신이 부재하는 사회에서는 도덕적 가치에 대한 합의가 이루어지기 힘들 뿐 아니라 자신의 이익에는 반하더라도 도덕적 가치 모델에 따라 살아 갈 힘을 찾지 못할 것이라고 말하는 것뿐입니다.

베네딕토 16세께서 하신 이 예언적 말씀은 문서 초안을 작성하는 우리와 내내 함께했습니다. 저는 우리가 겪는 다양한 사회 문제, 특히 위기로 인해 발생한 빈곤에 대해 이야기할 때 그 말씀을 자주 언급하곤 했습니다.

저는 아파레시다 문서와 교황님의 연설문을 여러 번 다시 읽었는데, 그 내용은 오늘날에도 여전히 매우 중요한 의미를 지니고 있기 때문입니다. 그래서 2013년 2월 11일 베네딕토 16세께서 교황직을 사임하기로 결정했다는 소식을 접했을 때 큰 충격을 받을 수밖에 없었습니다.

LE DIMISSIONI
DI BENEDETTO XVI

XII.

베네딕토
16세의 사임

전화벨 소리가 대교구청 사무실에 계속해서 울려 퍼졌다. 아침 8시였는데, 베르골료 추기경이 이미 출근해 있을 것이란 걸 잘 아는 사람의 전화였다. 하지만 베르골료 추기경은 미사를 집전한 후 사무실로 바로 내려가는 대신 2004년 설립된 대교구 방송국인 채널 21을 들른 터였다.

　매주 토요일 채널 21에서는 〈성경, 오늘날의 대화〉라는 프로그램을 방송했는데, 이 프로그램은 개신교 목사이자 성서학자이며 저널리스트인 마르셀로 피게로아가 랍비 아브라함 스코르카, 베르골료 추기경과 1시간 동안 이야기를 나누는 프로그램이었다. 수년 간 친구로 지내온 세 사람은 종교 간 대화와 교회일치를 두고 이야기를 나눴다. 평화, 정의, 신앙, 외로움, 행복, 포용과 같은 다양한 주제에 대해 토론하는 자리였다.

이 프로그램은 거의 우연히, 큰 기대 없이 만들어진 것임에도 불구하고 가톨릭 신자들이 정기적으로 시청하는 프로그램이 되었다. 2011년에 베르골료 추기경에게 교회일치를 위한 방송을 제안한 것은 피게로아였고, 베르골료 추기경은 텔레비전이 좋은 복음 전파 매체가 될 수 있다는 생각에 파일럿 방송 제작에 동의했다. 첫 네 편의 파일럿 방송이 마무리된 뒤, 베르골료 추기경은 종교 간 대화에 초점을 맞춰 프로그램을 계속 제작하기로 했다. 베르골료 추기경과 피게로아, 스코르카는 회당에서 만나 아침 식사를 함께하며 방송에 관해 논의하곤 했다. 그렇게 그들의 우정은 나날이 커져갔다.

"자, 좋은 아침입니다. 프로듀서가 보기에는 말이죠."

프로그램 총책임자 홀리오가 추기경에게 농담 섞인 인사를 건넸다. 두 사람은 1990년대 중반 콰라시노 대교구장이 홀리오를 교구 라디오 방송국 책임자로 임명하면서부터 알고 지내던 사이였다. 그 후로도 두 사람은 계속 연락을 주고받았다.

2013년 2월 11일 아침, 76세의 추기경은 방송국 동료들과 인사를 나눈 뒤 방영하고 녹화할 방송을 점검했다. 그 사이 홀리오는 추기경에게 DVD 몇 개를 건넸다. 베르골료 추기경은 텔레비전이 없었기 때문에, 채널 21 동료들에게 관심 있는 영화를 부탁하곤 했다.

"추기경님, 분명히 이 영화들을 좋아하실 겁니다." 훌리오가 자신 있게 말하며 아직 포장지도 뜯지 않은 DVD를 건네주었다.

"아시죠? 저는 이걸 보러 여기 와야 할지도 몰라요. 당신이 준 DVD 기계는 너무 복잡해서 못 쓰겠거든요." 베르골료 추기경은 농담으로 대답하며 사무실을 나섰다.

"여기 문은 항상 열려 있습니다." 훌리오가 말하며 추기경을 출구로 안내했다.

"제가 은퇴하고 나서도 이곳 문을 열 수 있을까요?" 베르골료 추기경은 웃으며 훌리오에게 인사를 하고 대교구청으로 향했다.

비서 오틸리아는 벌써 담배를 네 개비나 피우고 있었다. 오틸리아는 이메일로 온 편지들을 프린트하고, 추기경이 오전 중에 만날 사람들 명단을 정리하고 있었다. 그날은 루르드 성모님 기념일이었기 때문에 오후 6시에 베르골료 추기경의 고향 플로레스 지역에 있는, 성모님의 이름을 딴 본당 앞에서 축하 행사가 열릴 예정이었다.

한편 대교구장 집무실에서는 전화가 계속 울리고 있었고, 마침내 베르골료 추기경이 전화를 받았다.

"여보세요?"

"추기경님, 제리입니다. 로마에서 전화드립니다. 너무 놀라지 않으시기를 바랍니다. 교황님께서 사임하셨습니다…."

✄

저는 몇 초 동안 마비된 채로 서 있었어요. 전화기 너머에서 들리는 말을 믿을 수 없었습니다. 교회법에는 교황이 사임할 수 있다고 되어 있었지만, 그때까지만 해도 상상할 수 없는 일이었기 때문입니다. 처음에 저는 '내가 잘못 들은 거겠지? 그게 가능할리가…'라고 생각했습니다. 하지만 저는 베네딕토 16세께서 그 중대한 결정을 내리기 전 오랫동안 묵상하고 기도하셨을 것을 알았습니다. 교황님은 점점 쇠약해지는 자신의 모습을 마주하면서 교회에서 대체할 수 없는 유일한 분은 성령이며, 유일한 주님은 예수 그리스도라는 것을 분명히 이해하셨을 것입니다. 이것이 바로 그분이야말로 참으로 위대한 교황, 겸손하며 성실한 분, 끝까지 교회를 사랑한 교황이었다고 말할 수 있는 이유입니다.

그날 아침 저에게 전화를 건 사람은 오랫동안 알고 지내던 저널리스트 친구 제리 오코널이었습니다. 그는 '교황님께서 사임하셨다'는 말만 남긴 채 전화를 끊었습니다. 그리고 두세 시간 뒤에 다시 전화를 걸어 사임이 2월 28일 저녁 8시에 발효될 것이며, 3월 10일 직후에 콘클라베가 열릴 것이라고 설명해주었습니다.

그다음 날에도 제리는 전화를 걸어와 베네딕토 16세께서 2월 28일 오전에 추기경단에게 작별 인사를 할 것이며 모든 추기경은 로마로 소환될 것이라고 알려주었습니다. 그렇게 해서 2월 28일 저녁 8시부터 '세데 바깐떼(교황의 공석)'가 시작될 것이었습니다.

저는 그동안 되도록 바티칸에 가지 않으려고 애써왔습니다. 제가 맡은 사람들 사이에 머무르는 것이 진심으로 좋았기도 하지만, 바티칸 궁전의 화려함을 보는 것이 그렇게 편안하지 않았기 때문입니다. 그래도 바티칸에 가야 할 일들이 있었습니다. 저는 교황님이 추기경들을 부르셨다는 것을 알기 전에, 다른 일로 이미 로마행 비행기 표를 끊어둔 상태였습니다. 출발일은 콘클라베가 시작되기 며칠 전이었고, 부에노스아이레스로 돌아오는 표는 주님 수난 성지 주일 전 토요일인 3월 23일이었습니다. 성주간에는 교황도 업무를 보지 않았기 때문에, 부활절 연휴에 맞춰 돌아올 수 있으리라고 확신했거든요. 간단히 말해 저는 최소한의 시간만 바티칸에서 머물고 싶었습니다. 아르헨티나에서 열리는 부활절 행사, 무엇보다도 성주간 강론에 집중하고 있었기 때문입니다.

하지만 2월 말에 베네딕토 16세께서 추기경단과 만난다는 소식을 들었으니, 비행기 표를 바꿔야 했습니다. 저는 대교구청에서 10분 정도 떨어진 알이탈리아 사무실로 가서 출발일을 2월 25일로 앞당겼습니다. 그때가 오후 2시쯤이었는데, 번호표를 받고 대기실에서 차례를 기다리고 있었습니다. 시간이 나서 묵주기도를 바치는데 30분쯤 뒤에 모르는 사람이 다가왔습니다.

"추기경님, 여기서 뭐하고 계십니까?"

알고 보니 사무소 책임자였습니다.

"비행기 표를 바꾸러 왔습니다."

"사무실로 오세요. 제가 해드리겠습니다."

그렇게 출발 날짜를 변경했고, 그는 저에게 110달러를 건네주었습니다.

"이게 뭐죠?" 제가 물었습니다.

"바꾸신 비행기 표가 추기경님께 더 좋은 표군요. 전에 구매하신 표보다 저렴하네요. 잔액을 받으시면 됩니다."

로마에서 돌아온 뒤로 미뤄야 할 약속이 너무 많았기 때문에 저는 사무실로 돌아와 일정을 급히 재조정하기 시작했습니다. 회의, 축하 행사, 도시 방문 등의 일정이 잡혀 있었거든요. 텔레비전 녹화 일정도 있었고요. 저는 방송국 친구들에게 녹화에 참여할 수 없다고 알렸습니다. 피게로아와 스코르카에게도 잠시 자리를 비우게 됐는데, 부활절 전에 돌아올 테니 우정을 주제로 녹화하자고 약속했습니다.

저는 피게로아가 아르헨티나 성서공회 사무총장이던 2000년 초에 그를 처음 만났고, 랍비 스코르카는 대통령이 참석하는 주교좌성당 전례 때 만났습니다. 아르헨티나에서는 대통령이 국가 기념일인 5월 25일과 연말인 12월 31일이면 정기적으로 주교좌성당을 방문합니다. 그럴 때마다 오랜 감사 찬송인 〈테 데움Te Deum〉을 노래하는데, 그 노래가 끝나고 스코르카와 인사할 기회가 있었습니다. 스코르카는 훌륭한 사람이었지만 리버 플레이트 팬이어서 놀림을 받기도 했습니다. 1999년에는 제가 이걸로 스코르카를 놀리기도 했어요. 주교좌성당에서 인사를 나누다가 그에게 "올해는 우리 산로렌소가 치킨수프를 먹을 것 같아요"라고 말한 거죠. 이건 아르헨티나 축구 판을 아는 사람들만 이해할 수 있는 농담이에요. 리버 플레이트 선수들은 잠재력이 대단한데, 시즌이 막판이면 종종 챔피언십에서 져서 닭이라고 불렀거든요. 그해는 산로렌소가 챔피언 자리를 차지했기 때문에 교황대사가 보는 앞에서 조금 놀려주었죠. 교황대사님은 무슨 소린지 전혀 이해하지 못하셨지요.

로마로 떠나기 전에 훌리오를 비롯한 채널 21의 동료들과 인사를 나눴습니다. 그들이 선물해준 영화 중에 로베르토 베니니의 〈인생은 아름다워〉, 가브리엘 악셀의 〈바베트의 만찬〉 같은 영화들이 기억나요. 사무실 책상 위에는 돌아와서 보려고 난니 모레티의 〈우리에겐 교황이 있다 (영화의 원제는 'habemus papam'인데, 이는 교황이 선출되어 처음 대중 앞에 섰을 때 추기경단 선임 추기경이 외치는 라틴어 문구다. '우리는 교황님을 모셨습니다'라는 뜻으로 드디어 교황을 모시게 되었다는 기쁨을 표현하는 외침이다.—옮긴이)〉와 성지주일 강론, 그리고 성유축성미사 강론을 놓아두었습니다. 그런데 모든 상황이 달라져버렸죠.

　　로마까지는 길고 피곤한 여정이었지만 피우미치노 공항에 도착하자 수하물 찾는 곳에서 반가운 얼굴들을 만날 수 있었습니다. 언론에서 다음 파파빌레(교황이 될 가능성이 있는 인물) 가운데 하나로 꼽은 상파울루 대주교 오질루 페드루 셰레르 추기경, 또 다른 파파빌레로 지목되던 마닐라 대교구장 루이스 안토니오 타글레 추기경, 그리고 같은 필리핀 출신으로 타글레 추기경과 함께 온 리카르도 비달 추기경을 만났습니다. 폴로셔츠와 청바지 차림의 타글레 추기경을 제외하면 우리 모두 성직자복을 입고 있었어요. 다음 날 아침 타글레 추기경을 다시 만나 이런 농담을 던졌습니다. "어제 공항에서 당신을 닮은 젊은이를 봤어요." 그리고 우리는 몇 분 동안 함께 웃었습니다.

28일 아침이 되자 우리 모두는 베네딕토 16세의 퇴임식을 위해 클레멘티나 홀로 갔습니다. 위대한 신학자답게 연설은 매우 심오했는데, 제가 박사 논문 주제로 오랫동안 연구했던 로마노 과르디니를 두 번이나 인용하셨기 때문에 기억납니다. 베네딕토 16세는 과르디니의 말을 인용하며 이렇게 말씀하셨습니다.

교회는 책상 위에서 고안되고 세워지는 기관이 아니라… 살아 있는 실재입니다. 교회는 다른 모든 생명체처럼 시간의 흐름 속에서 스스로 모습을 변화시키면서 살아갑니다. … 그러나 본질은 항상 동일하며 그 중심은 그리스도이십니다.

모두 긴 박수를 보냈습니다. 그 자리에서 베네딕토 교황님은 콘클라베에서 선출될 새 교황에 대한 무조건적인 존경과 순명을 약속하셨습니다. 저는 지난 수년 동안 교황의 사임을 받아들이지 않으려는 부도덕한 사람들이 있었다는 사실을 알고 있습니다. 그들이 교회의 분열에 대한 위험은 과소평가하고 은퇴한 교황으로서 그의 모습을 이념적·정치적 목적으로 도구화하는 것을 보면서 슬픔을 금할 수 없습니다.

이런 문제들로 인한 피해를 막기 위해 저는 2013년

교황으로 선출된 직후, 카스텔 간돌포에 머물고 있던 베네딕토 교황님을 만나러 갔을 때 함께 결정했습니다. 그가 처음 생각했던 것처럼 숨어 사는 것이 아니라 사람들을 만나고 교회 생활에 참여하는 것이 더 낫겠다고 말입니다.

불행히도 이 결정은 그리 큰 도움이 되지 못했습니다. 근 10년 동안 논란이 끊이지 않았고, 우리 둘 모두에게 상처를 입혔습니다. 그때 베네딕토 교황님은 교황의 자리를 저에게 넘겨주면서, 2012년 바티칸을 뒤흔든 기밀문서 유출 사건과 관련해서 줄리안 헤란츠, 요제프 톰코, 살바토레 드 조르기 추기경이 작성한 문서가 담긴 흰 상자를 건네주셨습니다. 베네딕토 교황님은 로비에 연루된 사람들을 해임하고, 부패 사건에 개입하는 등 자신이 취한 조치에 대해 설명해주셨습니다. 그리고 조치가 필요한 다른 상황을 지적하시며, 그 문제를 처리할 바통을 저에게 넘긴다고 분명하게 말씀하셨습니다. 저는 베네딕토 교황님의 조언에 따라 그 문제를 처리했고, 그건 지금도 계속되고 있습니다.

클레멘티나 홀에서 열린 회의 이야기로 돌아갈까요? 베네딕토 교황님의 연설이 끝나자 다른 형제 추기경들과 마찬가지로 저도 그분께 인사를 드리고 지금까지 해오신 일에 감사를 드렸습니다. 베네딕토 교황님은 매우 친절했고, 교황 알현에 와주어 고맙다고 말씀하셨습니다.

정각 8시, 교황 공석이 시작되었고, 그 시간부터 교회는 교황을 모시고 있지 않게 되었습니다. 같은 날 저녁 교황의 궁무처장(거룩한 로마교회 궁무처장, 혹은 교황의 궁무처장이라는 직함을 지닌 궁무처장은 교황이 생전이 지명한 추기경 가운데 하나로, 교황의 비서 역할을 하면서 새 교황이 선출될 때까지 교황의 임무를 대신한다.—옮긴이) 타르치시오 베르토네 추기경은 숙소를 봉쇄하고 추기경단과 함께 업무를 처리했습니다. 그렇게 콘클라베 준비가 시작되었는데, 우리는 3월 4일부터 11일까지 매일같이 추기경 총회에 참석해야 했습니다.

전 세계 언론이 몰려들어 추기경들의 모습을 촬영했다. 정식 추기경 복장을 하고 걸어서 도착하는 추기경도 있었다. 걸어온 이들은 대개 바티칸시국 안에 거주하거나, 바티칸 근처에 숙소를 잡은 사람들이었다. 자동차로 도착하는 사람들은 나이가 많거나, 바티칸에서 멀리 떨어진 곳에 숙소를 잡은 이들이었다. 미국 추기경들은 미니버스를 타고 단체로 도착했다.

추기경들은 회의가 열리는 새로운 시노드 홀Aula Nuova del Sinodo 입구에서 사진기자들의 호기심 어린 시선 아래 인사를 나누며 환담을 주고받았다. 어떤 추기경들은 입구에 멈추어 기자들과 대화하기도 했고, 또 어떤 추기경들은 기자들의 질문과 발언을 회피하며 회의 규칙에 따라 침묵을 지켰다. 성추문 사건을 은폐했다는 혐의를 받는 추기경의 퇴진을 요구하는 시위대가 있는가 하면, 추기경들의 사인을 모으는 수집가나 고가에 되팔려는 사람, 호기심에 이끌려 온 단순한 구경꾼도 있었다.

베르골료 추기경은 검은 옷에 검은 가방을 들고, 머리에는 보라색 주케토(주교, 추기경, 교황이 쓰는 원 모양의 조그만 머리 덮개로 신분에 따라 색깔이 구분된다.—옮긴이)도 쓰지 않은 채 걸어서 회의 장소에 도착했다. 기자들이 그를 알아보지 못했기 때문에 아무런 방해도 받지 않고 시간에 맞춰 도착할 수 있었다. 그는 30분가량 걸어왔는데, 이번에도 비아 델라 스크로파에 위치한 성직자 숙소에 머물렀기 때문이다.

때는 이미 3월 9일이었다. 2005년 콘클라베 때 파파빌레 명단에 이름을 올린 바 있었던 베르골료 추기경은 그날 추기경단 앞에서 발표할 연설문을 작성해왔다. 교회가 어떤 모습을 지녀야 하는지, 다음 교황이 어떤 모습을 지녀야 하는지에 관한 글이었다.

"부에노스아이레스 대교구장 호르헤 마리오 베르골료 추기경께서 발언을 요청하셨습니다. 추기경님, 말씀해주십시오."

베르골료 추기경은 스페인어로 손수 적어온 메모를 읽기 시작했다. 발언 시간은 3분으로 제한되어 있었으며, 시간이 다 되면 마이크가 자동으로 꺼진다는 점은 그도 잘 알고 있었다.

좋은 아침입니다. 우리는 복음화에 대해 이야기했습니다. 복음화는 교회의 존재 이유입니다. "달콤하고 위로가 되는 복음화의 기쁨."(바오로 6세) 우리 안에서 우리를 움직이는 분은 예수 그리스도이십니다.

1. 복음화는 사도적 열정을 의미합니다. 복음화를 위해서는 교회가 스스로 밖으로 나가는 담대함이 전제되어야 합니다. 교회는 자신을 벗어나 주변, 즉 지리적 주변뿐만 아니라 실존적 주변으로 나아가야 합니다. 교회는 죄의 신비와 고통, 불의, 무지와 신앙의 부재가 가득한 주변부를 향해, 그리고 주변부의 생각과 주변부에서 볼 수 있는 모든 형태의 불행을 향해 나가도록 부름을 받았습니다.

2. 교회가 복음화를 위해 자기 자신으로부터 나가지 않을 때 교회는 자기중심적이 되고, 그렇게 병들고 말 것입니다(복음에 나오는 몸이 굽은 여인을 생각해보십시오). 시간이 지남에 따라 교회를 점점 괴롭히고 있는 병은, 일종의 신학적 나르시시즘인 자기중심성에서 나옵니다. 「요한묵시록」에서 예수님은 문 앞에 서서 우리를 부르고 계시다고 말씀

하십니다. 성경은 분명히 예수님께서 문 밖에 서서 들어가시려고 문을 두드리고 있다고 언급하고 있습니다. 그러나 저는 종종 예수님께서 밖으로 나가게 해달라고 문 안에서 두드리고 계시다고 생각합니다. 자기중심적인 교회는 예수 그리스도를 자기 안에 가두고 밖으로 내보내려 하지 않습니다.

3. 교회가 자기중심적일 때 그 문제점을 전혀 깨닫지 못한 채 스스로 빛을 가지고 있다고 믿게 됩니다. 곧, 달의 신비 mysterium lunae(해를 비추는 달처럼 교회는 그 자체로 빛을 내는 존재가 아니라 빛이신 예수님을 비추기 위한 존재라는 뜻—옮긴이)이기를 멈추고 영적 세속성(드 뤼박에 따르면 교회가 일으킬 수 있는 최악의 악)이라는 심각한 악에 자리를 내어주게 됩니다. 자기들끼리 서로 영광을 주기 위해 사는 것입니다. 교회에는 두 가지 이미지가 있습니다. 스스로 밖으로 나가는 복음화하는 교회, 곧 하느님의 말씀([교회가] 종교적으로 듣고 충실히 선포하는 하느님의 말씀 Dei Verbum religiose audiens et fidenter proclamans)의 교회. 아니면 자기 안에서, 자신에 대해서, 자신을 위해서만 사는 세속적인 교회. 이 두 이미지는 교회가 영혼 구원을 위해 어떤 변화와 개혁을 해야 하는지를 잘 보여줍니다.

4. 차기 교황에 대한 생각은 이렇습니다. 그분은 예수 그리스도에 대한 묵상과 예수 그리스도에 대한 경배를 통해 교

회가 자신을 벗어나 실존적 주변부로 나아가도록 도울 수 있는 사람, 교회가 "달콤하고 위로가 되는 복음화의 기쁨"으로 살아가는 열매 풍부한 어머니가 되도록 도와줄 사람이어야 합니다.

✘

그 연설이 제 운명을 바꾸어버렸습니다. 제 인생이 바뀌는 데 3분도 채 걸리지 않았어요. 연설이 끝나자 박수갈채가 쏟아졌고, 그 순간부터 제 이름이 회자되기 시작했다는 말을 나중에 듣게 되었습니다.

하지만 마지막 날까지 저는 어떤 분위기도 인지하지 못했어요. 제 마음은 부에노스아이레스 제 책상 위에 있는, 아직 마무리하지 못한 강론에 집중되어 있었습니다. 빨리 집으로 돌아가고 싶을 뿐이었죠. 마지막 이틀, 3월 12일부터 13일 아침 사이에 저에 대한 이야기가 많이 나왔다고 들었어요. 저는 앞서 있었던 투표에서 몇몇 표를 받기도 했지만, '맛보기 투표voti deposito' 정도로 생각했어요. 후보를 아직 정하지 않은 추기경들이 임시로 선호도를 표현한 표라고 생각했던 거죠.

교황 선출 당일이 된 3월 13일, 저는 시스티나 성당에서 오전을 보낸 후 세 번의 신호를 받았습니다.

콘클라베 기간 동안 외부와의 접촉을 피하기 위해, 추기경들은 도무스 산타마르타 숙소에 머물렀습니다. 점심 시간이 되어 그곳으로 돌아왔다가 식사를 하기 전 아바나 대교구장 하이메 오르테가 이 알라미노 추기경이 머무시던 5층으로 올라갔습니다. 제가 추기경 총회에서 한 연설 사본을 달라고 하셔서 가져다 드리려고요. 저는 연설문을 건네드리면서 손으로 쓴 거라 미안하다고 말씀드렸습니다. 그래서 복사본이 없다고 덧붙이자 그분은 이렇게 말씀하셨습니다. "아, 너무 행복하군요. 새 교황의 기념품을 가져가다니…." 그게 첫 번째 신호였지만 당시 저는 무슨 말씀인지 전혀 이해하지 못했습니다.

그러고 나서 제가 머물던 2층으로 내려가려고 엘리베이터를 탔는데, 4층에서 엘리베이터가 멈추더니 프란시스코 에라수리스 추기경이 타셨습니다. 저는 그분을 아파레시다 회의 때부터 알고 지냈는데, 산티아고 데 칠레 대교구의 은퇴하신 대교구장이셨습니다. 그분께서 저를 보더니 물으셨습니다.

"연설문은 준비하셨어요?"

"무슨 연설이요?"

"오늘 하실 연설문이요. 오늘 바티칸 대성당 중앙 발코니에 섰을 때 하셔야 할 연설문 말입니다."

이것이 두 번째 신호였지만 저는 여전히 무슨 말인지 이해하지 못했습니다.

그렇게 점심을 먹으러 내려갔습니다. 레오나르도 산드리 추기경과 함께 식당으로 들어갔어요. 먼저 도착해 있던 몇몇 유럽 추기경들이 저를 부르셨죠. "오세요, 추기경님. 이리 오셔서 라틴아메리카 이야기 좀 해주세요."

별다른 고민 없이 그 초대를 수락했는데, 어찌나 많은 질문을 하시는지, 거의 심문하는 것 같았습니다.

점심 식사가 끝나고 퇴장하는 길에 산토스 아브릴 이 카스테요 추기경이 제게 다가오셨습니다. 저는 그분이 아르헨티나 교황대사로 계실 때부터 잘 알고 지냈습니다. 그분께서 저에게 의외의 질문을 하셨습니다.

"추기경님, 죄송하지만 폐 한쪽을 잃으셨다는 게 사실입니까?"

"아니요, 한쪽 전부를 잃은 것은 아니에요. 오른쪽 폐의 상엽만 없습니다."

"언제 그런 일이 있었나요?"

"1957년이니까 제가 스물한 살이었을 때였죠."

제가 설명드리자 그분은 심각한 표정을 지으며 약간 짜증이 섞인 어조로 말씀하셨습니다.

"막판 작전이었군요…."

그 순간 저는 추기경들이 저를 베네딕토 16세의 후계

자로 생각하고 있다는 사실을 깨달았습니다.

그날 오후 다시 콘클라베가 시작되었습니다. 시스티나 성당 앞에 도착했을 때 이탈리아 추기경 지안프랑코 라바시를 만났습니다. 저는 연구할 때 그분이 편찬하신 지혜 문학 관련 책들, 특히 「욥기」에 관한 저술을 자주 활용했기 때문에 반가웠습니다. 우리는 시스티나 성당 입구 근처에서 이야기를 나누었습니다. 아마도 점심 식사 때 있었던 일 때문에 무의식적으로 들어가기 싫다는 생각이 들었던 것 같습니다. 제가 선출될까 걱정했던 것 같아요. 어느 순간 교황청 의전 담당자가 나와서 우리에게 물었습니다. "들어오실 건가요, 말 건가요?"

첫 번째 투표에서 저는 거의 당선될 뻔했습니다. 그때 브라질의 클라우디오 우메스 추기경이 다가와서 이렇게 말씀하셨습니다. "두려워하지 마세요. 성령께서 일하시는 방식입니다." 그러고 나서 그날 오후 세 번째 투표에서 77표로 제가 3분의 2를 득표했을 때, 모두가 긴 박수를 보냈습니다. 그때 우메스 추기경이 저에게 다가와 포옹하며 했던 말씀은 지금도 제 마음과 머릿속에 남아 있습니다. "가난한 사람들을 잊지 마세요."

그리고 바로 그 순간 저는 교황으로서 사용할 이름을 정했습니다. 바로 프란치스코였습니다. 아시시의 성 프란치스코를 기리기 위해서였죠. 저는 이 사실을 조반니 바티스타 레 추기경에게 알렸습니다. 당시 수석 추기경이었던 소다노 추기경과 부수석 추기경이었던 로저 에체가라이 추기경은 80세가 넘었기 때문에 콘클라베에 들어오지 않았습니다. 그래서 규정에 따라 연공서열 순으로 가장 먼저 추기경이 된 레 추기경이 시스티나 성당에서 수석 추기경 임무를 수행했습니다. 제가 답해야 했던 두 가지 질문, "교황으로 선출된 것을 수락하십니까?", "어떤 이름으로 불리기를 원하십니까?"를 물었던 분이 바로 레 추기경이었습니다.

제 삶은 하느님의 계획에 의해 또 한번 뒤집어졌습니다. 그 순간 주님께서 제 곁에 계셨고, 저는 성령께서 현존하신다는 것을 느꼈습니다. 성령께서 제가 교회를 위하여, 믿는 이들을 위하여 수행해야 할 직무, 곧 성령의 감도로 행동한 추기경들이 결정한 그 새로운 직무에 저와 동행하셨습니다.

처음으로 교황의 예복을 입을 때, 당시 교황청 전례주관원 원장이었던 귀도 마리니 몬시뇰은 소위 '우는 방'이라고 불리는 방에서 제게 가슴 십자가, 빨간 구두, 세 가지 크기의 흰색 수단, 그리고 빨간 모제타(교황이 어깨에 두르는 짧은 망토─옮긴이) 등을 보여주었습니다. 그는 인내심을 가지고 설명해주었지만, 저는 다 받아들일 수 없었습니다.

"몬시뇰, 정말 감사하지만 저는 제 물건에 애착이 많

아서 여기 있는 흰색 수단만 입고, 제가 사용하던 가슴 십자가와 제 신발을 그대로 신겠습니다. 제 신발은 정형외과에서 제 다리를 위해 추천해준 거예요."

그는 기꺼이 제 결정을 받아들였습니다. 그런 다음 저는 의전 담당자에게 '하베무스 파팜' 선포가 끝나면 중앙 발코니에 우메스 추기경과 아고스티노 발리니 추기경을 모시고 싶다고 했습니다.

새로 선출된 교황을 보기 위해 성 베드로 광장에 모인 수많은 인파를 보며, 저는 큰 감동을 느꼈습니다. 전 세계에서 온 깃발, 기도, 노래…. 비가 내리는데도 모두가 자리를 지키며 새 교황을 기다리고 있었어요. 성령이 사람들에게 불고 있었고, 교회 전체에 은혜의 순간이었던 그 순간, 주님께 감사하는 기도의 합창이 하늘로 올라갔습니다.

저는 부모님, 로사 할머니, 형제들, 그리고 제가 알게 되었던 가난하고 버림받은 사람들을 생각했고, 그들을 중심에 두고 봉사하기로 결심하면서, 그들을 기억하는데 필요한 힘을 얻었습니다. 가난한 이들을 위한 가난한 교회, 야전병원과 같은 교회, 선교하는 교회, 교황청 개혁과 함께 밖으로 나가는 교회를 만드는 것이 제가 해야 할 임무였죠.

사람들과 인사를 나눈 뒤 저는 은퇴하신 전임 교황님께 처음으로 전화를 드렸습니다. 교황님의 노고에 다시 한

번 감사드리며 저를 위해 기도해달라고 부탁드렸고, 조만
간 교황님을 뵙겠다고 했습니다. 저녁 식사 시간이 되자
저는 아르헨티나 교황대사였던 에밀 폴 체릭 몬시뇰에게
전화해서 분명하게 전달했습니다. 주교들과 지역 성직자
들에게 3월 19일에 있을 내 미사에 오지 말라고요. 그 비
행깃값은 가난한 이들에게 기부해달라고 했습니다.

다음 날 아침 두 번째로 흰색 수단을 입었는데, 로
만 칼라(성직자들이 입는 옷의 목 부분에 두르는 흰색 칼라. 로마식 칼라는
뜻—옮긴이)에 문제가 있었어요. 다행히 옆방에 머물던 팔레
르모 대교구장이었던 파올로 로메오 추기경이 복도에서
저를 만나 정돈해주셨죠. 아침 미사와 식사를 마치고 산타
마리아 마조레 대성당으로 가서 〈로마 백성의 구원Salus po-
puli romani〉 성모 이콘 앞에서 기도하며 저의 교황직을 그분
께 맡겼습니다. 그리고 나서는 제가 머물던 비아 델라 스
크로파에 있던 성직자 숙소에 가서 제 물건을 챙기고 경비
를 지불했습니다.

오후에는 시스티나 성당에서 미사를 집전한 후 사도
궁 세 번째 층에 있던 교황 숙소를 보러 갔습니다. 그런데
그 방은 제가 쓰기에 너무 과분한 거예요. 그곳에 계속 살
았다면 분명 정신과 의사가 필요했을 겁니다. 건강하게 살
려면 사람들 사이에 있어야 하는데 그곳에 머문다면 외부
세상과 고립되고 말 겁니다. 어떻게 하면 좋을지 고민했는

데, 제가 찾은 답은 바로 산타마르타 숙소에 머무는 거였어요. 제가 콘클라베 기간 동안 머물렀던 층에는 새로 선출된 교황이 잠시 머무는 약간 더 큰 방이 있었습니다. 그 방에는 손님들을 맞이할 작은 방 하나와 화장실이 딸린 침실, 작은 서재, 또 손님이 쓸 또 다른 화장실이 있었어요. 저는 그 방을 쓰기로 결정했습니다.

저는 부에노스아이레스에 있을 때와 같은 삶의 방식을 유지하려고 노력했고, 제 삶을 너무 불안정하게 만들지 않으려 했습니다. 물론, 이전과 완전히 같을 수는 없죠. 처음 몇 년 동안 가장 아쉬웠던 점은 거리로 나가지 못하는 것이었습니다. 도시 변두리 나가 가난한 사람들을 돕지 못하고, 대중교통을 이용하지 못하며, 아르헨티나에서처럼 친구들과 피자를 사러 가지 못한다는 점이었습니다. 하지만 전에는 몰랐던 좋은 사람을 많이 만나게 되었는데 저는 이 점에 대해 매일같이 주님께 감사드렸습니다. 그래도 동생을 비롯한 가족, 옛 친구들과는 전화, 편지, 이메일 등으로 자주 연락을 주고받았습니다. 제가 영상 통화를 할 줄 몰랐기 때문에 영상으로 만나지는 못했지만 전통적인 방법으로 연락할 수 있었죠. 안타깝게도 옛 친구 중 많은 이가 지금은 살아 있지 않지만, 저는 항상 그들을 생각하며 기도하고 있습니다.

교황으로서 해야 할 일도 많았지요. 지난 몇 년 동안

저는 큰 기쁨을 주는 여러 선물을 받았습니다. 그것은 만남이나 악수를 하면서 얻게 되는 단순한 기쁨부터 전 세계를 여행할 수 있었던 것, 그리고 미주에서 아프리카, 아시아에 이르기까지 제가 포용하며 마음을 나눌 수 있었던 사람들에게서 얻게 된 중요한 기쁨의 순간도 있었지요.

저는 첫 방문지로 유럽의 관문인 아그리젠토 지방의 람페두사에 갔던 것을 떠올리곤 합니다. 그곳은 전쟁과 기근에서 벗어나 미래를 찾으려고 필사적으로 고향을 떠난 사람들이 모여드는 곳이지요. 제가 방문한 때는 2013년 7월, 지중해에서 배를 타고 넘어오다가 많은 이가 사망한 사건이 일어난 직후였습니다. 람페두사 지역의 본당 신부 돈 스테파노가 저를 초대했는데, 저는 그곳에서부터 이주민들을 위한 싸움의 여정을 시작해야겠다는 의무감을 갖게 되었습니다. 사실 이 여정은 아직도 끝나지 않았어요. 이주 문제에 관해서는 해야 할 일이 너무나도 많기 때문이지요.

제 조국인 아르헨티나 이야기로 넘어가보면, 하비에르 밀레이 신임 대통령이 평화를 위한 여행에 저를 초대했습니다. 아르헨티나의 상황은 복잡하고, 여전히 많은 사람이 빈곤으로 고통받고 있습니다. 그래도 저는 제가 그들 가까이 있다는 걸 알려주고 싶습니다. 하지만 거리가 멀어서 더는 과거처럼 여행하는 것이 쉽지 않네요. 그래도 그곳에 갈 수 있기를 바랍니다. 주님께서 저를 위해 무엇을 결정하실지 지켜봅시다.

저는 또한 교회 일치의 여정과 형제적 대화에 있어서 유대인 형제들, 동방정교회 형제들과 함께 전진해 나가야 한다고 생각합니다. 형제적 대화는 지금도 많은 열매를 맺고 있습니다. 무슬림 형제들과 나누는 건설적인 대화도 마찬가지입니다.

저는 교회가 최근 몇 년 동안 이뤄낸 진전에 대해 생각합니다. 마치 어머니처럼, 우리 교회가 경청하고 함께 걷는 교회가 되는 모습을 생각합니다. 교회 안에는 여전히 교만과 이기심의 희생자, 악마의 유혹의 희생자가 되어 마치 두 개의 다른 지지층이 있는 것처럼 분열되기를 바라는 이들이 존재합니다. 그럼에도 저는 함께 걸어가며 일치를 이루는 교회를 생각합니다. 또한 교회 안에서 점점 더 많은 공간과 관심을 받아야 하는 여성들을 생각하고, 평신도들과 미래의 큰 보물이자 희망인 젊은이들을 생각합니다.

최근 몇 년 동안 우리는 매우 고통스러운 시련을 겪었습니다. 저는 오랫동안 세계를 뒤흔들고 있는 전쟁들과 제3차 세계대전에 대한 걱정을 떨칠 수 없습니다. 지구 곳곳에서 인류애와 민족 간 우애를 파괴하는 분쟁이 계속되고 폭탄으로 고통받는 형제자매들이 점점 더 많아지고 있습니다. 죽어가는 불쌍한 사람들을 동정하지도 않고, 양심의 가책도 느끼지 않는 사람들에게 다시 한번 호소합니다. 무기를 내려놓으세요. 폭탄을 내려놓으세요. 권력에 대한 갈망을 멈추세요. 하느님의 이름으로 말합니다. 제발 멈추세요. 그만하면 충분합니다. 제발 부탁합니다.

또한 우리 공동의 집인 지구에 대한 착취가 점점 더 집요해지고 있습니다. 환경 문제는 더 이상 미룰 수 없을 정도로 비극적인 방향으로 흐르고 있고, 해결이 시급합니다. 그래서 저는 2023년 11월 말 아랍에미리트 두바이에서 열린 유엔 기후 회의 COP28에 참석하기로 했는데, 안타깝게도 폐 감염병으로 여행을 포기할 수밖에 없었습니다. 의사들은 여행을 감행할 경우 병이 악화될 수 있다고 경고했습니다. 분명히 말씀드리지만, 저는 제 몸의 불편함에도 그곳에 직접 가서 각국의 지도자들에게 환경에 대한 결단을 촉구하고 싶었습니다. 우리 모두가 진로를 바꾸지 않으면 모든 것이 끝날 것이고, 오랜 세월 우리가 해왔던 희생이 헛된 것이 될 것이기 때문입니다. 그러나 결국 저는 의사들의 조언에 따라 국무장관인 피에트로 파롤린 추기경에게 연설을 맡겼습니다.

파롤린 추기경이 저를 대신해 말한 것처럼, 우리가 창조 세계에 대해 벌이고 있는 일들은 하느님에 대한 중대한 범죄입니다. 그것은 또한 우리 가운데 가장 약한 이들에 대한 심각한 배신입니다. 약자들은 자연 파괴의 결과로 누구보다 큰 고통을 당하고 있습니다. 가뭄으로 황폐해진 땅을 떠난 기후 난민, 파괴적인 홍수나 폭풍 같은 기상 현상으로 피해를 입은 가난한 사람들을 생각해보십시오. 지구의 외침을 더 이상 무시할 수 없습니다. 우리는 지금 젊은 이들의 미래와 인류의 미래를 걸고 도박을 하고 있습니다.

마지막으로 코로나19 팬데믹으로 인한 최근의 비극을 생각하게 됩니다. 우리는 세상이 얼마나 연약한지, 그리고 인류가 얼마나 많은 것을 멈추고 자신을 되돌아보아야 하는지 충분히 깨달을 수 있었습니다.

XIII.

코로나19
팬데믹

로마가 침묵에 잠겼다. 콜로세움 주변에서 들리던 소음, 판테온 앞에서 울리던 기타 소리가 사라져버렸다. 트라스테베레의 골목은 한산했고 식당 셔터들은 내려져 있어 유령 같은 정적이 도시 전체에 내려앉았다. 아코디언을 연주하던 거리 악사들도 바티칸 주변의 노점상들과 함께 자취를 감춰버렸다. 평소 같으면 교황을 보려는 수천, 수만의 신자로 붐비던 성 베드로 광장도 완전히 텅 비어 있었고, 프란치스코 교황이 삼종기도 때 고개를 내밀던 집무실 창문도 굳게 닫혀 있었다. 교황은 실내에서 삼종기도를 바쳤고, 사도궁 내부에 설치된 카메라가 이를 촬영했다.

시스티나 성당이나 바티칸 박물관에 들어가려고 줄을

섰던 관광객들은 모두 사라졌고, 갈매기들만 넘쳐나는 쓰레 기통을 뒤지고 있었다. 사람이라곤 병원이나 약국에 가거나 생필품을 사려고 나온 사람들뿐이었다. 사람들은 진열대에 물건이 남아 있기를 바라면서 차례대로 슈퍼마켓에 들어가 장을 봤다.

2020년 3월 15일, 스포츠 채널은 축구 경기를 중계하 지 않았다. 경기장은 폐쇄되었고 챔피언십 경기도 중단됐 다. 방송에서는 사망자 수를 집계하는 뉴스만 계속됐다. 전 날 저녁 시민안전국이 발표한 보도 내용에 따르면 이탈리 아에서만 1400명 넘게 사망했으며 전염병이 시작된 이래로 2만 명 이상이 감염되었다고 한다. 중환자실 시스템이 무너 졌고, 노인 요양원은 폭발 직전의 화약고 같았다. 이탈리아 는 전 세계에 산불처럼 퍼지고 있는 코로나19 대유행의 악 몽 한가운데에 있었다.

며칠 전인 3월 9일, 이탈리아 정부는 봉쇄령을 선포했 다. 꼭 필요한 일이 아니면 집 안에 있어야 하고, 상업 시설 은 사람이 모이는 것을 막기 위해 문을 닫아야 했다. 학교, 교회, 체육관, 박물관, 극장도 마찬가지였다. 표어 하나로 모 든 게 요약되었다. "집에 머무세요!" 경찰차는 거리를 돌아 다니며 녹음된 안내문을 방송했다.

프란치스코 교황은 매일 세계보건기구 보고서를 읽으 며 전 세계의 팬데믹 상황을 주시했다. 그리고 희생자와 그

가족, 생활이 뒤집혀버린 이들, 실업자, 홀로 남겨진 노인을 위해 기도했다. 교황은 이 보이지 않는 적을 막기 위해 뭔가 해야겠다고 생각했다.

3월 15일 오후 4시 30분가량, 정적에 휩싸인 황량한 로마 거리를 흰옷을 입은 사람이 걷고 있었다. 주변에는 멀리서 조심스럽게 따르는 바티칸 헌병들 뿐이었다. 프란치스코 교황은 산타마리아 마조레 대성당을 방문하고 비아 델 코르소Via del Corso 길을 따라 산마르첼로 성당으로 향했다. 산타마리아 마조레 대성당에는 프란치스코 교황이 자신의 교황직을 의탁한 〈로마 백성의 구원〉 이콘이 있었고, 산마르첼로 성당에는 1519년 화재에도 온전히 남은, 기적의 십자가가 있었다. 그 화제 3년 뒤, 로마에 흑사병이 창궐하자 사람들은 이 십자가를 어깨에 메고 성 베드로 광장까지 행렬했다. 이 의식은 전염병이 멈출 때까지 계속됐다.

오랫동안 제가 무엇을 할 수 있을지 고민했습니다. 그러다가 십자가에 못 박히신 예수님과 로마 백성의 구원이신 성모님을 만나러 가기로 결심했습니다. 저는 그전에도 사도좌 여행 전후나 특별한 일이 있을 때마다 산타마리아 마조레 대성당의 성모님을 찾아뵙곤 했습니다.

　그리고 베네치아 광장까지 가서 차에서 내린 후, 코르소 거리를 따라 산마르첼로 성당으로 걸어갔습니다. 일요일 오후, 로마 중심부는 완전히 침묵 속에 잠겨 있었습니다. 택시도, 관광버스도, 지나가는 행인도 없었습니다. 비극적이면서도 비현실적이었어요. 저는 그 길을 걸으면서 전염을 피하려고 집에 머물러야 하는 사람들을 생각했습니다. 추기경 시절 로마에 올 때면 거리를 많이 걸었고, 교황이 된 후에도 안경점이나 다른 가게에 들르려고 종종 시내 중심가에 갔었는데, 언제나 로마 시민들과 관광객이 넘쳐났고, 교통 체증도 항상 있었습니다. 그런데 그날은 일요일 오후인데도 도시 전체에 고요와 적막 뿐이었습니다.

　그 짧은 산책길에서 저는 바이러스의 희생자와 의료진, 자원봉사자 들을 생각하며 많은 기도를 드렸고, 감염으로 병동에서 죽어간 사제와 수녀 들을 위해 기도했으며, 통치자들이 해결책을 빨리 찾게 해달라고 기도했습니다. 성당 내부로 들어갔을 때 십자가 밑에 봉헌할 꽃을 들고 있었는데, 열 명의 수도자가 저를 맞이해주었습니다. 그리고 저는 몇 분 동안 십자가에 매달리신 그리스도 앞에 서 있었습니다. 저는 형제나 친구에게 말할 때처럼 자연스레 그분께 말을 걸었습니다. 팬데믹의 종식을 기원하며 이 힘든 시간에 우리를 기억해주시고 우리를 버리지 말아달라고 간청했습니다.

그날 아침 저는 사제들의 사도적 열정과 창의성에 감사를 드렸습니다. 특히 롬바르디아 사제들은 사람들이 버려졌다고 느끼지 않도록 도울 방법을 찾아냈습니다. 이와 관련해 당시 이탈리아의 주교 한 분이 제게 전화를 걸어왔던 게 기억납니다. 그 주교님은 자신의 교구에 코로나19로 입원환 환자와 확진자가 너무 많다고 얘기했습니다. 그는 병원을 돌며 병자들을 축복하고 고해성사를 주려고 했지만, 전염의 위험 때문에 중환자실 출입이 허락되지 않으며, 그래서 직접 대면하지 못하고 대기실에서 고해성사를 주어야만 했다고 안타까워했습니다. 일부 교회법 학자들은 고해성사는 물리적으로 같은 공간에서 직접 만나서 해야 한다고 이를 비난하기도 했지요. 그 주교님은 제게 "어떻게 해야 하나요?"라고 물었습니다. 저는 그 주교님에게 사제로서의 의무를 다하고 주님께서 원하시는 대로 행동하라고만 말했습니다. 주교님은 제게 감사하다고 했는데, 나중에 들어보니 자신의 방식대로 계속해서 고해성사를 주었다고 합니다.

이들은 위대한 자비, 백성에 대한 사랑을 실천한 사제들입니다. 알레산드로 만초니의 소설 『약혼자들』에 나오는 압본디오 신부처럼 겁쟁이같이 굴지 않고 자신의 목숨을 걸고서라도 백성을 보살폈으니까요. 만초니를 얘기하니 페데리고 보로메오 추기경도 떠오릅니다. 저는 그분이 흑사병 시기 밀라노의 영웅이었다고 생각합니다. 보로메오 추기경은 만초니가 소설을 쓸 때 역사적 자료로 삼은 「흑사병De Pestilentia」의 작가로, 흑사병이 창궐하자 유리를 씌운 가마를 타고 다니며 창문 너머로 신자들에게 인사했다고 합니다. 유리 뒤에 숨은 모습은 신자들에게 위로가 되지 않았던 것 같습니다. 이와 달리 코로나19 기간 동안 많은 사제가 교구민들과 가까이 지냈습니다. 덧붙여, 아픈 사람들을 가까이서 돌보느라 자기 가족을 멀리할 수밖에 없었던 의료진들도 생각납니다.

저도 구체적인 행동으로 제 역할을 하고 싶었습니다. 혼자 남겨진 아픈 사람들을 위로하러 병원을 방문하고 싶었습니다. 양로원을 방문해 고립되어 있는 노인들의 이야기를 듣고 싶었습니다. 외출도 못 하고 집에 갇혀 있는 분들과 함께 묵주기도를 바치고 싶었습니다. 하지만 저 역시 방역 규정을 지켜야 했고, 강제로 제가 가진 습관을 바꿔야 했습니다. 제가 이 때문에 얼마나 고통스러웠는지는 숨길 수 없습니다. 다행히도 저는 미디어를 통해 사람들과 연락을 유지했습니다. 컴퓨터를 통해 많은 회의를 했고, 산타마르타의 예배당에서 바치는 미사를 텔레비전과 인터넷으로 방송해달라고 요청해 모두가 기도에 동참할 수 있었습니다.

봉쇄로 인한 고독의 기간 동안 저는 더 많이 기도했고 더 많이 사람들을 생각했습니다. 그래서 제 생각이긴 하지만, 그 기간이 제게는 이기심의 유혹에서 벗어나는 데 도움이 되었다고 생각합니다. 또한 이 위기가 지나간 뒤 로마 주교로서 제가 어떤 역할을 해야할지 숙고할 수 있었습니다.

저는 한 가지 확신을 갖게 되었습니다. 더 나아지든 나빠지든 결국 그 시련에서 벗어나리라는 확신이었습니다. 더 나아지는 방향으로 나아갈 유일한 길은 모든 것을 검토하고 가장 비극적인 상황을 분석하며 현실적으로 문제를 인식하는 것뿐이었습니다. 현실감 없이는 위기에 대처할 수 없습니다. 예를 들어 코로나 기간 동안 모든 것이 멈추어 섰을 때, 지구가 다시 숨을 쉬기 시작한 것을 생각해보세요. 모순 같나요? 하지만 스페인 속담에 이런 말이 있습니다. "신은 항상 용서하고, 우리는 때때로 용서하며, 자연은 결코 용서하지 않는다." 그리고 그 일이 실제로 이루어졌습니다. 우리는 다른 우선순위에 밀려 다가오는 재앙에 주의를 기울이지 않았습니다. 그리고 우리가 알아차리지 못하고 있을 때 그 재앙이 갑자기 폭발해버렸죠. 모든 것은 서로 연결되어 있으며, 우리의 건강은 생태계의 건강에 달려 있다는 사실을 잊지 맙시다. 빙하가 녹고 엄청난 녹지를 파괴하는 대형 화재가 생기는 것과 마찬가지로 코로나 바이러스도 우리 인간이 행한 부주의와 착취에 대한 자연의 반응일 수 있습니다.

확실히 말할 수 있는 건, 지금까지 우리의 생활 방식이 환경을 무자비하게 파괴했다는 겁니다. 우리는 거만한 인간중심주의에 굴복하여 인간이 모든 생물보다 절대적으로 우월하다는 생각을 하게 되었습니다. 하지만 우리 인간의 임무는 우리 뒤에 올 세대를 위해 공동의 집인 지구를 지키고, 파괴한 것을 재건하며, 코로나19 이전부터 작동하지 않았던 모든 것, 위기를 악화시키던 모든 것을 바로잡는 것입니다.

저는 젊은이들, 특히 어린 학생들이 기후 변화에 충분한 조치를 취하지 않는 정부에 항의하며 환경 보호를 위해 싸우는 모습을 보는 것이 좋습니다. 지구를 구할 수 있는 시간이 얼마 남지 않았습니다. 거리로 나서는 젊은이들을 보며 저는 항상 "소리를 질러라"고 말합니다. 시위가 폭력으로 이어지거나 공공장소나 예술 작품을 훼손하지 않는 한은요.

팬데믹 기간 동안 일부 정치인의 위선이 드러난 것 또한 주목해야 합니다. 그들은 한편으로는 위기를 해결하기를 바라며 기아와 싸워야 한다고 말하면서, 다른 한편으로는 무기 공급에 막대한 돈을 썼습니다. 우리에게는 일관성이 필요하고, 국민에게 신선한 공기를 불어넣을 새로운 부흥이 필요합니다.

저는 또한 더 많은 기도가 필요하다고 덧붙이고 싶습니다. 우리는 이 유동적인 시대에 너무 적게 기도합니다. 잠시 묵상할 시간이 허락되지 않고, 사건들은 끊임없이 이어집니다. 모국어나 자기 지역 방언으로 저녁기도를 바치는 가족은 점점 사라지고 있습니다. 할머니가 가르쳐주신 기도는 점점 더 망각으로 사라지고 있으며, 많은 사람이 전염병을 하느님이 내리신 형벌이라 생각하며 신앙에서 멀어지고 있습니다. 그렇지 않습니다! 주님은 인간을 사랑하시고, 주님은 죽음의 주님이 아니라 생명의 주님이십니다! 이는 제가 봉쇄 시기에 성 베드로 광장에서 전 세계가 참여하는 특별한 기도를 드리고 싶었던 이유이기도 합니다.

"성하, 언제든 나가실 수 있도록 준비되어 있습니다."

프란치스코 교황은 고개를 끄덕이며 말했다. "네, 곧 가겠습니다."

도우미가 교황의 방에 들어서면서 문을 빠르게 두드렸다. 시간이 거의 다 되었다고 알려주는 신호였다. 83세의 교황은 산타마르타 관저의 서재에서 복음서를 읽으며 묵상할 구절을 검토하는 데 온 정신을 쏟고 있었다. 교황은 자신의 마음을 잘 전달하면서 동시에 듣는 사람에게 힘을 줄 적절한 단어를 찾으려고 많은 노력을 기울였다.

건물 입구에서는 몇몇 사람이 우산을 펼쳐 들고 교황을 기다리고 있었다. 차에는 시동이 켜져 있었다. 교황은 그 차를 타고 아르코 델레 캄파네(종의 아치), 바티칸의 공식 출입구를 통해 부채꼴 모양의 계단 아래로 갔다. 그 계단은 성베드로 광장에서 성전으로 올라가는 광장 중심에 있었다. 광장에는 전 세계에서 온 순례자들을 지켜보았던 거대한 사도 베드로와 사도 바오로 성상이 서 있는데, 이 성상들마저도 지금은 비현실적인 침묵에 감싸여 있었다.

광장은 황량했고, 주변에는 낙담과 공포가 뒤섞인 공기만 가득했다. 천둥 번개와 함께 쏟아지는 비는 이런 분위기를 한층 더 극적으로 만들어주었다. 봄이 왔음에도 천둥소리가 온 도시를 울렸고, 번쩍이는 번개만이 우울한 하늘을 밝히고 있었다. 들려오는 것은 구급차 사이렌 소리뿐이었다. 구급차들은 매일같이 감염된 사람들의 집과 병원 사이를 오갔다. 이탈리아의 감염자 수는 거의 9만 명에 달했다. 감염에 무너진 것은 이탈리아만이 아니었다. 온 세상 사람들이 희생자들을 위해 애도하고 있었다. 전 세계에 퍼져 있는 보이지 않는 적을 이길 방법은 없는 듯 보였다. 그래서 전 세계 국가들은 사회적 관계를 단절하고 문을 걸어 잠글 수밖에 없었다.

그러나 희망의 빛은 여전히 타오르고 있었다. 그것은 바로 이 고통을 종식시켜 달라고 기도하는 사람들의 믿음 이었다.

교황을 태운 차가 광장에 도착하자 프란치스코 교황은 차에서 내려 계단을 향해 걸어갔다. 세상의 희망과 슬픔을 짊어진 목자의 외로운 발걸음이었다. 계단 위에는 희망의 상징 두 개가 있었는데, 바로 산마르첼로 알 코르소 성당에 있던 기적의 십자가와 〈로마 백성의 구원〉 이콘이었다. 호르헤 마리오 베르골료는 그 두 상징을 바라보며 계단을 올라가고 있었다. 그는 2020년 3월 27일 '인류를 위한 특별 기도회statio orbis'를 위해 두 희망의 상징물을 모셔오길 원했다. 비록 물리적으로는 멀리 있지만 전 세계 신자들과 영적으로 일치하며 친교를 이루는 시간을 마련하고 싶었다.

프란치스코 교황은 기도를 시작했다. 옆에서 교황청 전례주관원 원장이 교황을 도와 복음서 한 구절을 낭독했다. 교황은 차분한 목소리로 묵상문을 낭독하기 시작했다. 그 말은 적막한 광장에 울려 퍼지며 전 세계로 퍼져 나갔다. 집에 고립된 이들은 이 길고 불투명한 길 위에 혼자 서 있는 것이 아니라는 확신을 갖게 되었다. 빗속에 서 있는 목자의 모습을 보며 그가 함께하고 있다고 느꼈다. 프란치스코 교황은 고요한 로마를 바라보고, 그런 다음 시선을 오른쪽으로 돌려 광장 한 켠에 있는 이주민 기념비를 바라보았다. 작은 배에 모여 있는 다양한 시대의 이주민을 조각한 기념비였다. 프란치스코 교황은 이렇게 말했다.

몇 주 전부터 온 세상에 저녁이 내려앉은 것 같습니다. 짙은 어둠이 광장과 거리와 도시를 뒤덮어버렸습니다. 그 어둠은 우리 삶을 점령해버렸고, 귀가 먹먹한 침묵과 황량한 공허함이 모든 것을 채워버렸습니다. 우리는 이를 공기에서 느낄 수 있고, 몸짓으로 느낄 수 있으며, 표정에서 알 수 있습니다. 우리는 겁에 질리고 길을 잃었습니다. 복음에 나오는 제자들처럼 예상치 못한 격렬한 폭풍에 사로잡혀 버렸습니다. 하지만 우리는 모두 같은 배를 타고 있습니다. 우리는 비록 연약해서 방향을 잃었지만 동시에 서로에게 중요하고 필요한 존재이며, 함께 노를 저어 서로를 위로해야 한다는 점을 깨달았습니다. 이 배 안에는 우리 모두가 함께 타고 있습니다. 고통 속에서 한목소리로 "우리는 길을 잃었습니다"라고 말하는 제자들처럼, 우리도 혼자서는 앞으로 나아갈 수 없고, 함께해야만 앞으로 나아갈 수 있다는 것을 깨달았습니다.

믿음과 희망은 그 어떤 바이러스보다 강했습니다. 전 세계가 어둠에 휩싸여 있었기 때문에 모두가 하나가 되어 길을 밝힐 희망의 불꽃이 필요하다고, 이를 위한 기도가 필요하다고 생각했습니다. 광장에서 이루어진 '인류를 위한 특별 기도회'는 이탈리아 교도소에서 사목을 하던 마르코 포차 신부님이 제안한 것입니다. 이 특별한 기도회는 온 세상 사람들을 하나로 묶어 하늘을 향해 보내는 강력한 합창이 었습니다.

많은 사람이 제가 성 베드로 성당 입구로 걸어가면서 무슨 생각을 했는지 궁금해했습니다. 사실 저는 그때 특별한 무언가를 생각하지 않았습니다. 그때 생각했던 것은 외로움입니다. 저는 혼자였고, 세상의 많은 사람이 저와 같은 상황을 겪고 있었으니까요. 아니, 저보다 어려운 상황에 처해 있었죠.

걸으면서 한 가지 생각이 떠올랐습니다. 저는 '포용적'인 생각이었다고 하고 싶은데, 제 마음과 정신이 세상 모든 사람과 함께하고 있었기 때문입니다. 혼자였지만, 저는 정말로 모두와 함께 있었습니다.

저는 광장에 홀로 있었지만, 물리적으로 혼자였을 뿐입니다. 영적으로 저는 모든 사람과 접촉하고 있었고 기도의 힘, 곧 기적을 일으키는 기도의 힘 안에서 모든 이에 대한 친밀감을 느꼈기 때문입니다. 그래서 기적의 십자가와 〈로마 백성의 구원〉 성모님 이콘도 요청한 것입니다. 저는 십자가에 달리신 그리스도 앞에서 팬데믹 종식을 위해 개입해달라고 간구했습니다. 저는 아르헨티나에서 많이 하는 말을 했습니다. "당신의 일을 해주소서." 그리고 덧붙였습니다. "당신께서는 이미 1500년대에 이런 상황을 해결해주셨으니 어떻게 해야 할지 아시지 않습니까?" 저는 기적을 바라며 기도에 매달렸습니다. 그리고 성모님 앞에서 로마 시민뿐 아니라 온 지구의 구원이 되어달라고 간구했습니다.

그런 다음 저는 계단을 올라가 텅 빈 광장을 바라보았습니다. 침묵이 지배하고 있었고 사이렌 소리만 들렸습니다. 광장에는 아무도 없었지만, 우리 모두 비록 몸은 멀리 떨어져 있었지만, 함께하고 있다고 생각했습니다. 그런 다음 저는 이주민들의 배가 있는 기념비를 바라보았습니다. 그러면서 우리가 타고 있는 배를 생각했습니다. 배에 탄 이주민들처럼, 우리도 마지막 순간에 얼마나 많은 사람이 도착할 수 있을지 모른 채 겁에 질려 있었습니다.

매우 강렬한 순간이었습니다. 슬픔에 잠길 수도 있었지만 십자가에 입을 맞추었을 때 희망의 빛을 발견했습니다. 그리스도는 진정 인류의 구원자이십니다. 가장 의미 있었던 순간은 "로마 도시와 전 세계에urbi et orbi"성체 강복을 주기 위해 성체를 들어 올렸을 때였습니다. 저는 저의 교구인 로마와 온 세상을 주님께 바치면서 이 비극을 멈춰달라고 간청했습니다. 무엇보다도 희생자의 가족, 코로나와의 전쟁 최전선에 있는 사람들, 제한 조치에 위기를 느끼는 가정, 중증 장애인, 교외에 살면서 모두에게 잊힌 듯 보이는 사람들, 아무런 보호 없이 바이러스에 노출된 거리의 사람들, 집 밖으로 못 나가고 있는 아이들, 가족이 없는 사람들, 고립되어 살아가는 이들, 이주민과 합법적인 서류가 없는 사람들, 수감자들을 기억했습니다. 뿐만 아니라 공동으로 장례를 치르며, 방역 지침에 따라 사랑하는 사람에게 작별 인사도 할 수 없었던 사람들을 기억했습니다.

이 무거운 시기는 첫 번째 백신이 출시되면서 바뀌기 시작했습니다. 백신 접종은 윤리적인 선택입니다. 하지만 많은 사람이 백신에 반대하고 있다는 것도 알고 있습니다. 제 생각에 백신 접종에 반대하는 것은 자살에 가까운 부정적 행위입니다. 저는 그런 반대를 매우 유감스럽게 생각합니다.

주교 중에도 백신을 거부하는 사람들이 있었는데, 일부는 치료를 거부하여 죽음에 가까워졌습니다. 백신의 작용에 대해 피상적으로 설명하면서, 바이러스를 주입하는 거라고 말하는 사람들 때문에 그런 두려움이 일반화되었다고 생각합니다. 또 어떤 이들은 주사기 안에 물 밖에 들어 있지 않다고 주장하기도 했고, 어떤 이들은 마이크로칩을 몸에 이식하는 거라고 말하기도 했습니다. 이런 모든 잘못된 설명이 혼란과 패닉을 야기했습니다. 바티칸에서 접종이 시작되자마자 저는 즉시 백신 접종을 받고, 추가 접종도 마쳤습니다.

그런데 많은 사람, 특히 가난한 사람들은 백신을 맞고 싶어도 맞을 수가 없었습니다. 그래서 교황청 자선 담당관이었던 콘라드 크라예프스키 추기경과 합의하여 거주 증명 서류가 없어 백신 접종 센터에 갈 수 없는 노숙자들을 위한 백신 접종을 준비했습니다. 로마뿐만 아니라 전 세계에서 자원봉사의 물결이 일어나 이 일이 가능해졌습니다!

처음에는 우리 모두 같은 배를 타고 있다고 느꼈지만, 시간이 지나면서 각자도생의 유혹이 만연해졌습니다. 사람들이 자기 자신에게만 집중하면서 '우리'는 뒷전으로 밀려나게 되었습니다. 예를 들어, 백신 접종이나 치료의 사각지대에 있는 빈곤층에 대해 생각해봅시다. 이동이 제한되고 신체 접촉에 대한 공포증이 커지던 그 순간, 노숙자와 같은 가난하고 불우한 사람들은 성가신 존재가 되었고, 그렇게 새로운 소외가 생겨났습니다. 다행히도 팬데믹 기간 내내 가장 약한 사람들을 돌보던 착한 사마리아인, 착한 그리스도인도 많았습니다. 하느님께서는 위기 상황에도 착한 사마리아인들이 분노와 두려움에 굴복하지 않고 문을 열어놓을 수 있도록 도와주셨습니다.

그렇게 인류는 천천히 다시 일어설 수 있었고, 세계는 자신감을 되찾았으며, 바티칸에 있는 우리도 활동을 재개할 수 있었습니다. 교황 알현 행사와 사람들이 직접 참석하는 예식들이 재개되었고, 베드로 대성당은 다시금 사람들로 붐비게 되었습니다. 저도 다시 여행을 할 수 있게 되었고 세계 곳곳에서 친구와 신자들을 만났습니다. 물론, 코로나19 팬데믹이 끝나고 난 뒤 코로나 바이러스 때문은 아니었지만 한참 동안 병을 앓고 병원에 입원하기도 했습니다.

이 또한 강력한 체험이었습니다. 그리스도인에게 질병은 성장의 기회일 뿐만 아니라 인생에서 진정으로 중요한 것이 무엇인지 식별할 분별력을 키울 기회이기 때문입니다. 질병은 우리가 인간적이며 그리스도교적인 연대를 하느님의 방식으로, 곧 친밀함과 연민과 온화한 방식으로 체험할 수 있게 해줍니다. 병동에서 병마와 싸우는 수많은 사람들, 특히 어린아이들을 만났는데 마음이 많이 아팠습니다. 저는 도스토옙스키의 말을 인용하며 스스로에게 여러 번 물었습니다. "왜 아이들이 고통받는가?" 인간적으로 답할 수 없는 질문입니다. 우리가 할 수 있는 최선은 기도와 봉사뿐입니다.

어린이에 대해 말하자면, 40여 년 전 바티칸 시민인 에마누엘라 오를란디가 실종되었는데, 바티칸은 이로 인해 여전히 고통을 겪고 있습니다. 당시 그 아이는 열다섯 살이었습니다. 저는 에마누엘라와 가족들, 특히 어머니를 위해 계속 기도하고 있습니다. 바티칸에서 조사가 진행 중인데, 곧 진실이 밝혀지기를 바랍니다. 에마누엘라에 대해 말하고 있지만, 사랑하는 사람을 잃고 슬퍼하는 모든 가족에게 같은 마음을 보냅니다. 그들이 저의 마음을 느꼈으면 좋겠습니다. 저는 그들 곁에 있습니다.

다시 제가 입원했던 이야기로 돌아오면, 제가 입원해 있는 동안 어떤 이들은 정치와 선거에 관심을 기울였고, 새로운 콘클라베에 대해 언급하기도 했습니다. 안심하세요, 그건 너무나 자연스럽고 인간적인 모습입니다. 그런 일에 충격받을 필요 없습니다. 교황이 병원에 입원하면 생각할 거리가 많아집니다. 어려운 시기였지만 다행히도 저는 사임에 대해 생각해본 적이 없습니다. 잠시 후에 이에 대해 말씀드리겠습니다.

주님의 도우심과 많은 신자의 기도 덕분에 저는 또 다른 긴급 상황, 우크라이나를 유혈로 물들인 큰 분쟁 같은 세계 위기에 직면하면서도 계속 앞으로 나아갈 수 있었습니다. 2023년 10월부터는 중동을 강타한 새로운 분쟁도 발생했죠. 저는 매일같이 전 세계의 전쟁을 종식시키고, 대화를 앞세우며, 고통받는 어린이와 노인을 돌보고, 납치와 실종으로 고통받는 가족들을 배려해달라고 요청해왔고, 지금도 계속 요청하고 있습니다.

가자 지구의 폭격으로 저도 친구들을 잃었습니다. 엄청난 고통이었습니다! 제가 오랫동안 알고 지내던 이들이 갑자기 인간의 손에 죽음을 맞이했으니까요. 저는 매일 늘어나는 희생자와 공격받는 병원 소식을 들으며 큰 슬픔에 휩싸였습니다. 저는 제가 그들과 함께 있다는 걸 알려주기 위해서 아르헨티나 출신의 가자 지구 본당 신부님, 수년 동안 주민들 사이에서 일해온 수녀님들과 계속 연락을 주고받았습니다.

바티칸에서 이스라엘 인질의 가족과 가자 지구에 갇힌 팔레스타인 사람의 가족들을 만났는데, 단언컨대 그들 사이에는 아무런 차이가 없었습니다! 외모도 비슷했어요. 사랑이 필요한 사람들이었을 뿐, 그들 눈에는 복수에 대한 열망이 없었습니다. 위협과 무기가 없는 평화로운 공존을 찾고자 하는 열망만 있었습니다. 그걸 찾을 때 상처받은 인류에게도 미래가 있을 것입니다.

희망을 생생하게 간직하십시오.
지평선에는 늘 빛이 있습니다.

XIV.

아직
써 내려가야 할
이야기

스위스 근위병은 몇 시간 전부터 산타마르타 관저 2층 엘리베이터에서 멀지 않은 교황의 방 앞에 서 있었다. 윙윙거리는 선풍기 소리가 배경음악처럼 들렸고, 교황의 방 앞을 오가는 사람들은 최대한 조용히 걸으며 목소리를 낮췄다. 방 앞을 지키던, 190센티미터가 넘는 장신의 20대 청년은 드나드는 사람들을 바라보며 경례를 하고 그들이 던지는 농담에 미소를 지었다. 르네상스 스타일의 제복은 미켈란젤로가 디자인했다는 전설이 있지만, 실은 20세기 초 쥘 르퐁 사령관이 라파엘로의 프레스코에 영감을 받아 만든 것이다.

87세의 교황은 방문객에게 선물한 책을 고르려고 복도로 나왔다. 시간은 오후 3시 15분이었고, 오늘만 벌써 여섯 번째로 경비병 앞을 지나치는 길이었다.

"아직 살아 있어요?"

교황의 농담에 청년은 당황했다.

"어… 네, 교황 성하. 저는 물론 아직 살아 있습니다!"

스위스 근위병이 경례를 하며 대답했다. 수 세기 동안 근위병의 특징이었던 침묵이 깨졌다.

"뭐 좀 드셨어요?"

교황의 물음에 창을 든 근위병은 미소 지으며 고개를 끄덕였다.

도서실에 들어가기 전에 교황은 성 요셉 동상 아래에 쪽지를 놓아두고, 우편함을 확인한 뒤 몇몇 서류를 발송함에 담아두었다. 그리고 브라질 주교들이 아마존 특산품이라며 선물한 초콜릿을 한 줌 쥐어갔다. 교황은 손님들에게도 초콜릿을 맛보게 하고 싶었다.

1층에는 사제들과 평신도들이 분주하게 움직이고 있었고, 검은색 정장을 입은 사복 근위대원 몇 명이 바티칸 헌병대와 함께 순찰하고 있었다. 귀에 이어폰을 꽂은 스위스 근위대원이 교황이 곧 도착할 거실로 손님을 안내하고는 독일 억양이 뚜렷한 목소리로 단호하게 말했다.

"여기서 기다리세요, 감사합니다."

그때 2층에 있던 교황은 누렇게 변한 오래된 책과 갓 인쇄한 책 잉크 냄새로 가득 찬 도서실 문턱을 넘고 있었다.

그리고는 자신이 찾는 서가로 자신 있게 발걸음을 옮겼다.

"기다리던 분이 도착했습니다, 성하."

도우미 중 하나가 교황에게 알리자, 교황은 이미 책 두 권과 묵주, 브라질 초콜릿이 들어 있는 가방에 책을 넣으며 대답했다. "네, 감사합니다."

잠시 후 교황은 엘리베이터를 타고 로비에 내려왔다. 교황의 방을 지키던 스위스 근위병은 1층 동료에게 교황이 그 구역으로 이동했다는 무전을 보냈다. 목적지에 도착했을 때 프란치스코 교황은 마침 그곳을 지나던 손님이 셀카를 찍어달라고 요청하자 흔쾌히 응했다. 프란치스코 교황은 문을 가볍게 두드린 후 손님이 기다리고 있던 방으로 웃으며 들어갔다. 그 방 벽에는 매듭을 푸시는 성모 마리아의 그림이 있었다.

"안녕하세요? 원하면 재킷을 벗으세요. 격식 차릴 필요 없습니다."

교황은 편하게 인사를 건네며 손님에게 소파에 앉으라고 권했다. 짧은 농담과 기도에 이어 전쟁, 스포츠, 종교 간 대화 등 다양한 주제로 대화를 나누며 가톨릭교회가 미래에 어떤 역할을 할 수 있을지, 앞으로 사회가 어떻게 변화할지에 대한 생각들을 나누었다. 그 방에서 가톨릭 세계의 지도자인 교황의 힘과 위대함은 소박한 인간미에 자리를 내주었다. 신자들과 담소를 나누는 평범한 본당 사제 같은 모습이었다. 약 30분간 대화가 이어졌을 때 손님이 말했다.

"성하, 누가 무슨 말을 했는지 아십니까? 교황님께서 사람들과 가까이 지내셨기 때문에 교황의 이미지가 훼손되고 있다고 합니다…."

프란치스코 교황은 잠시 침묵을 지키다가 고개를 들어 상대의 눈을 바라보았다.

✖

저에 대한 말이나 글을 모두 좇아 따라가면 제 일을 할 시간이 없을 겁니다. 일주일에 한 번씩 심리 상담도 해야겠죠. 그래서 저는 잠시 입을 다물었습니다. 저도 어딘가에서 "프란치스코가 교황직을 파괴하고 있다"는 말을 들은 적이 있었는데, 뭐라고 할 수 있을까요?

우선 저는 사제이고 사목자입니다. 사목자는 사람들 가운데 있어야 하고, 사람들과 대화해야 합니다. 사람들과 소통하며 그들의 말을 듣고, 그들을 지원하며 지켜야 합니다. 거리감을 느끼게 하는 것은 옳지 않습니다. 예수님도 사람들 위에 계시지 않았습니다. 예수님은 사람들 사이에서, 그들의 일부로 살아가셨고 그들과 함께 걸으셨습니다.

바티칸이 유럽의 마지막 절대군주국이며, 이곳에서

법정 다툼과 정치적 책략이 이루어지는 것도 사실입니다. 하지만 이제 그러한 방식은 포기해야 하고 또 극복되어야 합니다. 다행히도 추기경 대부분이 2013년 콘클라베 이전부터 개혁을 촉구했습니다. 불필요한 것을 바꾸고 특정 태도를 버려야 한다는 열망이 컸습니다. 그러나 안타깝게도 그 특정 태도들을 바꾸는 데 너무나도 큰 힘이 드는 것이 사실입니다.

개혁에 제동을 걸려고 하는 이들, 교황-임금 시대에 머물러 있기를 원하는 사람들, 피상적으로 개혁하는 척만 하려는 이들은 항상 존재합니다. 그것은 교회에 결코 좋은 일이 아닙니다. 콘클라베와 관련하여 일부 미국 언론은 제가 콘클라베 규정을 변경해 수녀와 평신도도 참여할 수 있게 바꾸려 한다고 전하기도 했습니다. 그러나 그것은 상상일 뿐이며, 교회 안에 불만을 불러일으키고, 신자들의 혼란을 야기하기 위해 만들어진 이야기일 뿐이라는 사실을 분명히 밝힙니다.

저는 미래에 대해, 다른 꿈을 키워나가고 있습니다. 우리 교회가 하느님의 속성을 지닌 온유하고 겸손하며 봉사하는 교회가 되는 미래, 그래서 부드럽고 친밀하며 자비로운 교회가 되는 꿈입니다. 우리는 참신한 것을 많이 찾아내고, 다양한 프로젝트를 해나감으로써 앞으로 나아가야 합니다. 예를 들어, 2025년 희년을 생각해봅시다. 2025년 희년은 희망을 재발견할 기회이자 신앙의 큰 물결이 될 것입니다.

우리는 확신을 갖고 저 멀리 지평선을 향해 나아가야 합니다. 특히 성소가 꽃을 피우고 있으며 주님을 향한 갈증이 있는 국가와 대륙, 친밀감과 경청에 대한 갈증이 있는 곳에 사는 사람들이 교회를 오아시스로 바라보게 해야 합니다. 어떤 사람들은 교회의 기원으로, 초기 그리스도교 공동체로 돌아갈 수 있을 거라고 하지만, 그것은 어디까지나 낭만적인 상상일 뿐입니다. 우리는 질병이자 전염병이 된 성직자주의, 도덕적 우월주의, 신자들과 거리를 두려는 행태를 극복해야 합니다. 교회는 성도들로 가득 차 있지만 때로는 악의적이기도 했습니다. 그것은 바로 성직주의가 악의적이기 때문입니다.

저는 다가올 교회를 생각하며 요제프 라칭거가 제시한 이론을 떠올립니다. 라칭거는 교회가 앞으로 나아갈 것이지만 지금과는 다른 방식으로 발전할 것이라고 말했습니다. 교회는 지금보다 작고 특수한 기관이 될 것이라고 말입니다. 바이에른 출신의 이 신학자는 1969년 라디오 강연에서 미래에 대한 비전을 이야기한 바 있습니다. 나중에 베네딕토 16세 교황이 될 라칭거는 미래에 우리를 기다리고 있는 교회는 소수로 다시 시작하는 교회, 신앙을 모든 체험의 중심에 두는 교회일 것이라고 말한 바 있습니다. 곧, 더 영적이고, 더 가난한 교회, 그래서 빈곤층과 하느님을 보는 눈을 잃지 않은 이들을 위한 집이 되는 교회가 될 것이라고 설명했습니다.

제2차 바티칸 공의회 폐막 후 신학 논쟁이 한창이던 시기에 라칭거는 제2차 바티칸 공의회가 인류 역사에 매우 중요한 순간이라고 말했습니다. 제2차 바티칸 공의회는 중세에서 근대로의 전환이 중요하지 않게 보일 정도로 중요한 역사적 순간이었습니다. 이런 맥락에서 사제를 일종의 기능적, 사회적 조력자, 곧 영적 관련성이 아닌 정치적 관련성만을 지닌 존재로 바꾸려는 시도가 있었습니다. 이것이 우리가 성직주의라는 전염병과 싸워야 하는 이유이기도 합니다. 성직주의는 평신도의 역할을 증진하는 대신 그들을 죽이고 그들에게 권력을 행사하기 때문에 교회를 파괴할 수도 있는 일종의 변태적인 태도입니다.

일찍이 프리모 마촐라리 신부는 형제들의 마음을 지지하고 따뜻하게 해주는 대신 그들 속에 있는 삶의 징후를 억누르는 사제들에 대해 경고한 바 있습니다. 이것은 우연한 일이 아닙니다. 이러한 성직주의의 바이러스가 평신도를 감염시키는 경우도 발생합니다. 그들은 성직자처럼 되기를 원하여 결정권을 갖고 싶어 하지만 아무런 책임도 지지 않을 정도로 애매하게 주변부에 머물고자 합니다. 이것은 너무나도 끔찍한 태도입니다. 이런 모습은 하느님의 백성들이 모여 교회의 여정에 적극적으로 참여하는 시노달리타스synodalitas(함께 걷는 여정)와 반대됩니다.

이런 맥락에서 저는 어머니이신 교회를 상상합니다. 어머니 교회는 잘못을 저지른 사람, 과거에 단죄받았던 사람까지 모두를 포용하고 환영합니다. 저는 주님을 찾았다가 거절당하거나 버림받은 동성애자나 트랜스젠더를 떠올리고 있습니다. 많은 분이 일반적이지 않은 부부에 대한 축복과 관련해서, 교황청 신앙교리성이 발표한 「간청하는 믿음Fiducia supplicans」에 대해 말씀해주셨습니다. 저는 그저 하느님께서는 모든 사람, 특히 죄인을 사랑하신다고 말씀드리고 싶습니다.

형제 주교들이 자신의 분별력에 따라 이 길을 따르지 않기로 결정한다고 해서 그것이 분열의 전초전이라는 의미는 아닙니다. 왜냐하면 교회가 선포하는 교리에 의문을 제기하는 것은 아니기 때문입니다. 2024년 10월에 마무리된 시노달리타스에 대한 시노드에서도 이런 공동체 구성원들과 그 부모들에게 더 많은 관심과 수용이 요청된 바 있습니다. 그들도 하느님의 자녀이며 두 팔 벌려 환영받아야 할 대상입니다. 그렇다고 교회가 동성 결혼을 찬성한다는 뜻은 아닙니다. 우리는 주님께서 제정하신 성사를 변경할 권한이 없습니다. 혼인성사는 일곱 가지 성사 중 하나이며 오직 한 남자와 한 여자의 결합을 위한 것입니다. 그것은 건드릴 수 없습니다.

부에노스아이레스 대교구장 시절에도 저는 결혼의 가치를 강력히 지지하고 옹호했으며, 사도적 권고 「사랑의 기쁨Amoris laetitia」에서와 마찬가지로 오늘날에도 여전히 강조하고 싶습니다.

동성애자 간의 결합을 결혼과 동일시하려는 제언들과 관련하여, 동성애자들의 결합을 결혼과 가족에 대한 하느님의 계획과 어떤 식으로든 비슷하다거나, 혹은 유비적으로라도 설명해보려는 시도, 그것이 어렴풋하게나마 유사하다고 말하려는 그 어떤 시도도 아무런 근거가 없는 시도일 뿐입니다. 지역 교회가 이 문제에 대해 압력을 받는 것도, 국제기구가 동성 결혼을 인정하는 법률 도입을 조건으로 가난한 국가에 대한 재정 지원을 하겠다고 말하는 것도 용납할 수 없습니다.

시민결합(생활동반자 관계)은 이와는 다른 문제입니다. 저는 사랑의 선물을 받아 공동체를 이뤄 살아가는 사람들이 다른 사람들처럼 법적 보호를 받을 수 있어야 한다고 여러 번 말해왔습니다. 예수님은 사회 주변부에 사는 사람들, 실존적 주변부에 사는 사람들을 자주 만나러 나가셨고, 그것이 오늘날 교회가 교회에서 자주 주변부로 밀려나는 LGBTQ＋와 함께 해나가야 할 일입니다. 교회는 그들이, 세례를 받아 하느님 백성 가운데 하나가 된 그들이 교회를 집처럼 느낄 수 있도록 도와주어야 합니다. 또한 세례를 받고 싶어 하는 이들이 있다면, 대부나 대모가 되고 싶어 하는 이들이 있다면 제발 그들을 받아들여 신중하게 식별 과정을 거쳐나갈 수 있도록 해주십시오.

물론 신자들 사이에 추문과 혼란이 일어나지 않도록 유의해야 합니다. 이에 대해서는 주교와 사제들이 사례별로 식별할 수 있는 지혜를 가져야 할 것입니다. 우리는 신앙의 여정에서 이 형제자매들과 동행해야 합니다. 저는 가족에 관한 시노드에서 그들에게 가해지는 차별과 폭력 행위를 강력히 규탄하면서 이에 관한 행동을 요구한 바 있습니다. 그런데도 그들을 괴롭히고 잔인하게 대하는 경우가 너무 많습니다. 이 때문이라도 교회는 그들을 문밖에 세워둘 수도, 교회 밖으로 쫓아낼 수도 없으며, 쫓아내어서도 안 됩니다. 그런데도 불행히도 여전히 많은 경우 교회는 그들을 썩은 사과처럼 부당하게 여깁니다.

저는 제가 교황으로 선출되던 날 교황청 신앙교리성 장관에게 보낸 서한에서 썼듯이 과거의 경직성을 버리는 것, 지적하고 단죄하는 교회에서 벗어나는 것이 매우 중요하다고 믿습니다. 이러한 태도는 신자들이 교회를 외면하게 만들었습니다. 사람들에게 더 가까이 다가감으로써 신앙을 보존하고 증진하는 것이 중요합니다. 우리는 자수와 주름 장식, 레이스 소매를 옷장에 넣어두고, 그 대신 연민과 친밀함이라는 그리스도교적 메시지에 집중해야 합니다.

그 만남 이후 몇 주가 지났고, 산타마르타 관저의 생활이 이어졌다. 원래 호텔이었지만 지금은 특별한 장기 투숙객을 모시고 있는 이곳의 엄격한 루틴도 계속 이어졌다.

화요일 아침은 교황이 사도궁에서 공개 일정이나 사적인 만남을 갖지 않는 유일한 시간이다. 교황은 아침 일찍 출근해 플레이어를 켜고 아르헨티나 탱고 가수 아수세나 마이사니의 CD를 틀었다. 프란치스코 교황은 신부 시절이던 1970년 마이사니와 같은 동네에 살았는데, 그에게 마지막 병자성사를 주기도 했다.

프란치스코 교황은 책상에 앉아 전날 오후 비서가 건네준 문서를 읽고 있었다. 메모를 하고, 수정할 부분을 표시하며, 보완해야 할 구절을 적었다. 시계는 아침 8시를 가리키고 있었는데, 8시 30분이 되면 친구 대주교가 방문할 예정이었다. 교황은 그와 함께 몇 가지 신학 서적 작업을 하기로 했다. 그런 다음 고해신부를 만나야 했고, 약속이 잡혀 있는 사람들도 만나야 했다. 교황은 이 모든 일정을 책상 위에 있는 다이어리에 적어두었다. 그에게는 아직 30분이 남아 있었다. 그동안 쓰던 글을 다시 읽고, 전화도 몇 통 할 수 있을 터였다.

프란치스코 교황의 책상 위에는 그와 한 번도 떨어진 적이 없는 성무일도와 수많은 서류 파일, 그리고 편지 몇 통이 놓여 있었다. 그중에는 산도나토 밀라노네에 사는 안나라는 여성에게서 온 편지가 있었다. 안나는 남편과 사별한후 혼자 자폐가 있는 아들 니콜라스를 돌보고 있었는데, 니콜라스는 교황을 만나고 싶어 했다. 그 외에 심각한 병에 걸린 미국 브루클린의 한 어린이가 자신을 위해 기도해달라고 부탁한 편지, 사제 서품을 몇 주 앞두고 영적인 지지를 요청하는 독일 신학생 루트비히의 편지도 있었다.

프란치스코는 루트비히의 편지를 읽으며 자신이 서품을 앞두었던 1969년으로 돌아갔다. 그는 서품을 앞두고 신앙 고백문을 적어두었었는데, 그때의 생각을 되새기고 자신과의 약속을 확인할 필요가 있을 때마다 그 쪽지를 꺼내어 보곤 했다.

저는 저를 아들처럼 사랑하시는 아버지 하느님과 제 삶에 당신의 영을 부어주어 저를 웃게 하시고 그렇게 영원한 생명의 나라로 인도해주시는 주 예수님을 믿고자 합니다. 저는 제 역사가 하느님의 사랑의 시선에 이끌려왔고, 하느님께서 9월 21일 봄날 이 만남의 장소로 저를 이끌어주시어 당신을 따르라고 초대하셨음을 믿습니다. 저는 저의 고통을 믿습니다. 제 고통은 이기심이 가져다준 것입니다. 저는 그 이기심을 제 피난처로 삼아왔습니다. 저는 제 영혼의 비열함을 믿습니다. 제 영혼은 베풀지 않고 모든 것을 삼키려고만 합니다. 저는 다른 사람들이 선하다는 것을 믿으며, 내 안위를 위해 그들을 배신하지 않으면서 두려움 없이 그들을 사랑해야 한다고 믿습니다. 저는 종교 생활을 믿습니다. 저는 많이 사랑하기를 원한다고 믿습니다. 저는 모든 것을 태워버리는 일상의 죽음을 믿습니다. 저는 그 죽음을 피해 도망치지만, 죽음은 언제나 저를 향해 미소 지으며 받아들이라고 권유합니다. 저는 하느님의 인내를 믿습니다. 하느님은 여름밤처럼 모든 것을 받아들이시는 선하신 분이십니다. 저는 제 아버지가 주님과 함께 하늘에 계심을 믿습니다. 두 아르테 신부님도 그곳에서 저의 사제직을 위해 주님께 간청하고 계시다는 것을 믿습니다. 저는 어머니 마리아가 저를 사랑하시고 저를 결코 혼자 두지 않으신다는 것을 믿습니다. 그리고 저는 사랑과 힘, 배신과 죄가 그 모습을 드러내는 매일의 놀라움을 기다립니다. 그것들은 그분의 놀라운 얼굴을 마주할 마지막 그날까지 끊임없이 동반할 것입니다. 그분의 놀라운 얼굴이 정확히 어떤 얼굴일지 알지는 못하고, 또 그래서 끊임없이 그분에게서 도망치려 하지만, 저는 언제나 그분을 알고 사랑하기를 원합니다. 아멘.

오랜 시간이 흘러 누렇게 변한 그 쪽지를 다시 서랍에 넣은 뒤, 교황은 수화기를 들고 안나의 전화번호를 눌렀다. 프란치스코 교황은 니콜라스에게 안부 인사를 전하고 싶었다.

그리고 몇 주 전에 만났던 사람에게 전화를 걸어 교회의 미래를 어떻게 상상하는지도 물어보았다. 그는 교황이 다시 읽어볼 수 있도록 이메일로 수십 장의 글을 보냈다. 교황의 허락을 받아 다른 편지들과 함께 공개될 마지막 면담 기록이었다. 상대방은 전화를 끊기 전에 교황에게 물었다.

"성하, 인류에게 희망이 있습니까?"

그러자 교황이 대답했다. 배경으로 흐르는 탱고 가수의 호소력 짙은 목소리가 대화 사이 침묵의 순간을 채웠다.

✂

그 질문은 오늘날도 여전히 벌어지고 있는 상황을 돌아보게끔 해주었습니다. 그리고 저는 깨달았습니다. 이 세상에는 평화 아니면 죽음 외에 다른 길은 없다는 사실을 말입니다. 유럽에서는 1914년 이후 100년 넘게 전쟁이 계속되고 있고, 공장은 멈추지 않고 계속해서 무기를 생산하고 있으며, 지금도 세상은 곳곳에서 벌어지는 제3차 세계대전으로 파괴되고 있습니다.

지금까지 저는 우크라이나 분쟁이나 중동 분쟁에 대해 깊이 있게 말하지 않았습니다. 왜냐하면 이 순간에도 많은 일이 벌어지고 있고, 상황이 유동적이기 때문입니다. 하지만 제 생각은 항상 그곳에서 고통받고 있는 사람들에게 가 있었고, 지금도 마찬가지입니다. 그들에게 가해지는 잔학 행위에 제 마음도 찢어졌습니다. 그래서 그들을 위해 주님께 평화를 간청했습니다. 저는 그 전쟁들에 대해 많은 글을 쓰고 많은 말을 했으며 이제는 더 흘릴 눈물조차 남아 있지 않습니다. 저는 사진을 보았고, 이야기를 들었으며, 목격자들을 만났습니다. 저는 폭탄으로 인해 가족과 헤어진 어린이들, 전쟁고아가 된 아이들을 위해 울었습니다. 얼마나 고통스럽고 아픈 일입니까? 도대체 무엇을 위한 전쟁입니까? 모두 제국주의적 이익이나 살인적인 냉소주의를 위한 것이죠. 정말 끔찍한 일입니다!

우크라이나 전쟁에 대해 저는 제가 도움이 될 만한 일이 있다면 무슨 일이든 지체 없이 하려 했고, 전쟁이 시작될 때부터 총소리를 멈출 수만 있다면 무엇이든 할 의향이 있다고 반복해서 말해왔습니다. 중동에 대해서도 마찬가지입니다. 저는 하고자 한다면 얼마든 변화를 만들 수 있는 세계의 지도자들과 통화하면서 그리스도인이든, 무슬림이든, 유대인이든 모든 사람의 생명이 중요하다는 것을 상기시켰습니다. 그들 사이에는 어떤 구분도 없습니다. 그 사람들이 잘못한 것이 도대체 무엇입니까? 왜 그들이 죽음이라는 대가를 치러야만 합니까?

교황청은 일련의 외교적, 인도주의적 시도를 했으며, 그 시도들이 효과가 있기를 바랍니다. 그러나 우리 모두는 언제든 대화를 우선시 하도록 노력해야 합니다. 폭탄은 문제를 해결하는 것이 아니라 새로운 문제를 일으킵니다. 이를 책임 있는 사람들이 이해하게끔 모두 함께 노력해야 합니다.

우크라이나 전쟁이 발발했을 때부터 많은 사람이 이 전쟁을 가까이 느꼈습니다. 왜냐하면 그 전쟁이 유럽에서 발발했기 때문입니다. 하지만 우리는 예멘, 시리아, 콩고민주공화국, 수단과 남수단, 에티오피아, 미얀마 등 온 세계가 분쟁에 시달리고 있다는 사실을 잊지 말아야 합니다.

지구 곳곳에서 사람들이 굶주리고 있습니다. 하지만 역설적이게도 이 문제를 해결할 대책을 세우는 대신 새로운 무기 구입이 이루어집니다. 그러면서 전쟁을 계속하기 위한 새로운 기술이 개발되고 있습니다. 방위산업에 집중적으로 투자하면서 치명적인 무기 거래에 경제 기반을 두는 나라들이 있습니다. 바티칸은 무기나 군대와 관련된 일을 하지 않습니다. 하지만 교황청도 역사적으로 금융 투자에 관여했기 때문에 가장 수익성이 높은 주식이 무기 공장과 낙태 약물 관련 주식이라는 점을 잘 알고 있습니다. 이것은 너무나도 큰 스캔들입니다.

하느님께서 창조하신 인류의 미래는 우리 선택에 달려 있습니다. 사람들이 서로를 포용하기를 희망합니다. 우리 모두 평화를 이야기하고 대화 테이블에 앉기를 희망합니다. 그렇지 않으면 정말로 종말이 닥칠 것입니다. 저는 인간에게 희망을 가지고 있습니다. 인간은 누구든 자신이 범한 실수에서 배우고 개선하여 미래 세대에 좋은 것을 전달할 수 있으리라는 희망을 지니고 있습니다.

이러한 자기비판은 교회 내에서도 이루어져야 합니다. 그래야 취약한 사람들에게 상처를 주지 않을 수 있습니다. 학대 문제를 생각해봅시다. 어렸을 때 자신을 학대한 수도자나 성직자 때문에 자살할 정도로 고통받은 사람이 얼마나 많습니까? 우리는 피해자들을 생각하고, 그들의 말에 귀를 기울이며, 그들과 동행해야 합니다. 보호하고 하느님의 길로 인도해야 할 사람들이 오히려 보호받아야 할 사람들의 뒤통수를 쳤다는 것을 기억해야 합니다. 다시 한번 교회가 자녀들에게 저지른 심각한 잘못과 범죄에 용서를 구하고 싶습니다. 그리고 주님께 자비를 청합니다. 왜냐하면 작고 무고한 이들에게 일어난 이 일들은 정말로 사탄이 저지른 일이며 거기에는 어떤 정당성도 없기 때문입니다.

이탈리아뿐만 아니라 미국, 남미, 동유럽, 아일랜드, 몰타, 스페인, 독일에서 밝혀진 사례들이 생각납니다. 교회는 온 힘을 다해 이 재앙에 맞서 싸워야 합니다. 저는 바티칸에 설치한 교황청 미성년자보호위원회와 각국의 주교회의가 전 세계 여러 교구에 설치한 사무소들이 이러한 범죄와 싸우는 데 기여할 수 있으리라고 생각합니다. 그들은 신고를 받고, 수도자든 일반인이든 학대한 사람과 학대 사실을 은폐하려는 사람들을 고발하면서 범죄들과 싸우고 있습니다. 과거에는 이와 관련된 법이 없었지만 오늘날에는 더 이상 특권이 존재하지 않습니다. 학대 사건이 발생해 법원에서 유죄 판결을 받았다면 교회는 아무런 보호를 하지 않을 것입니다. 가해자는 합당한 형을 선고받아야 하고, 교회 안에서 더 이상 공포는 없어야 합니다. 예수 그리스도의 이름을 더럽히는 이 사악한 행위를 멈추라고 단호하게 말합시다.

앞서 저는 인류의 미래가 어떻게 될 것인지, 그리고 교회의 미래는 어떻게 될 것인지에 대해 이야기했습니다. 그러나 최근 몇 년 동안, 특히 베네딕토 16세의 사임 이후 일부 사람들은 교황의 미래가 어떻게 될지 궁금해합니다. 하느님의 도우심으로, 지금까지 저는 사직에 대해 생각할 이유가 전혀 없었습니다. 제 관점에서 볼 때 교황의 사임은 심각한 건강상의 이유가 있을 때만 고려할 수 있는 옵션이기 때문입니다. 저는 정말 진심으로, 사임에 대해 생각해본 적이 없습니다. 몇 년 전 아프리카 예수회 형제들에게 밝힌 바 있듯이 저는 베드로 후계자로서의 사명이란 "목숨이 다할 때까지ad vitam" 이어지는 것이어야 한다고 생각하기 때문입니다. 그래서 저는 사임할 어떤 명분도 없다고 생각합니다.

물론, 저에게 심각한 장애가 발생한다면 상황은 달라질 것입니다. 그럴 경우를 대비해서 저는 다른 교황님들이 그랬듯이 교황직을 맡으면서 이미 사임에 관한 편지를 써서 국무성에 맡겨두었습니다. 만약 그런 일이 발생한다면 저는 은퇴한 교황이 아니라 은퇴 로마 주교라 불릴 것입니다. 그리고 산타마리아 마조레 대성당으로 거처를 옮겨 신자들에게 고해성사를 베풀고 병자들에게 봉성체를 하는 일로 돌아갈 것입니다.

그러나 다시 말씀드리지만, 아직은 제가 교황직 포기를 생각할 정도로 심각한 이유가 없습니다. 그래서 이런 이야기는 너무 먼 가정에 불가합니다. 누군가는 제가 조만간 입원해서 그런 발표를 하기를 바랄지도 모릅니다. 하지만 그럴 위험은 없습니다. 주님 덕분에 저는 건강을 누리고 있습니다. 이미 말씀드렸듯이 하느님의 뜻에 따라 아직 결실을 맺어야 할 프로젝트가 많이 남아 있거든요.

드디어 이 책의 마지막 대목에 도달했습니다. 작별 인사를 할 시간이군요. 나의 '인생', 이탈리아어로는 '비타vita'라는 제목을 지닌 제 이야기를 통해 저의 긴 인생 여정에 대한 이야기를 나누었습니다. 이제 그 이야기를 마무리하고자 합니다. 우리네 인생, 곧 저의 인생과 여러분만이 알고 있는 여러분의 인생, 더 나아가 인류의 인생, 이 모든 인생은 하느님께서 선물로 주신 것입니다. 그리고 우리가 작은 발걸음을 내디디며 스스로 살아가는 인생입니다. 우리는 선택하고, 목표를 달성하며, 때로는 심각한 실수를 저질러 고통과 아픔을 겪으며 인생을 만들어갑니다. 그게 바로 우리네 인생입니다. 이런 맥락에서 중요한 교훈을 잊지 말아야 합니다. 살아온 인생에 대해 이야기하는 것은 추억을 만들어줄 뿐만 아니라, 듣는 이들에게 자연히 소중한 것을 전하게 됩니다.

그러나 잊지 마세요, 사는 법을 배우려면 사랑하는 법을 배워야 합니다. 우리가 얻을 수 있는 가장 중요한 교훈은 사랑입니다. 사랑은 언제나 승리하기 때문입니다. 사랑함으로써 우리는 우리를 가로막고 있는 커다란 장벽을 허물고, 갈등을 극복하며, 무관심과 증오를 물리칠 수 있습니다. 사랑함으로써 우리는 십자가에서 자신을 희생하면서 어떤 대가도 바라지 않았던 예수님처럼 굳어 있는 마음을 녹이고 변화시켜 이웃을 위해 자신을 기꺼이 내어놓을 수 있게 됩니다. 이타적인 사랑만이 세상을 바꾸고 역사의 흐름을 바꿀 수 있습니다. 권력에 대한 욕심 대신 사랑과 기도가 사람을 움직였다면 제가 살아온 80년의 역사는 얼마나 많이 달라졌을까요?

기도에 대해 말하자면, 세상은 점점 더 많은 기도가 필요하다는 점을 기억하기를 바랍니다. 우리 모두 더 많이 기도합시다. 마지막으로 한 가지만 부탁하겠습니다. 잊지 말고 저를 위해 기도해주세요. 이 요청만큼은 반대하지 말고 꼭 받아주시기를 바랍니다.

참고 문헌

들어가며

프란치스코 교황, 제54차 홍보 주일 교황 담화, 2020년 5월 24일, © Dicastero per la Comunicazione – Libreria Editrice Vaticana

프란치스코 교황, 일반 알현, 2022년 10월 19일, © Dicastero per la Comunicazione – Libreria Editrice Vaticana

II. 유대인 학살

프란치스코 교황, 예루살렘 야드 바셈 기념관 방문 기념 연설, 2014년 5월 26일, © Dicastero per la Comunicazione – Libreria Editrice Vaticana

III. 원자폭탄

비오 12세, 임박한 전쟁의 위험에 처한 통치자들과 국민들에게 보내는 라디오 메시지, 1939년 8월 24일, © Dicastero per la Comunicazione – Libreria Editrice Vaticana

IV. 냉전 그리고 매카시즘

요한 23세, 교황 회칙 「지상의 평화(Pacem in Terris)」, n. 60, 1963년 4월 11일, © Dicastero per la Comunicazione – Libreria Editrice Vaticana

V. 달 착륙

바오로 6세, 달 탐사를 기념하여 우주비행사 닐 암스트롱, 에드윈 올드린, 마이클 콜린스에게 보내는 메시지, 1969년 7월 21일, © Dicastero per la Comunicazione – Libreria Editrice Vaticana

VIII. 베를린장벽의 붕괴

요한 바오로 2세, 베를린 주교회의에 보낸 서한, 1989년 11월 13일, ⓒ Dicastero per
la Comunicazione - Libreria Editrice Vaticana

X. 9·11 테러

요한 바오로 2세, 일반 알현 중 신자들의 기도, 2001년 9월 12일, ht ⓒ Dicastero per
la Comunicazione - Libreria Editrice Vaticana
프란치스코 교황, 『유일한 희망은 오직 그분께 있습니다(In lui solo la speranza)』, 잠파
올로 코티니, 안토니오 톰볼리니 번역, Editoriale Jaca Book SpA, 2013, p. 35
프란치스코 교황, 세계 평화와 상호 공존을 위한 인류 형제애에 관한 선언문,
2019년 2월 4일, ⓒ Dicastero per la Comunicazione - Libreria Editrice Vaticana

XI. 경제 대침체

프란치스코 교황, 교황 회칙 「모든 형제들(Fratelli Tutti)」, nn. 122 e 168, 2020년 10월
3일, ⓒ Dicastero per la Comunicazione - Libreria Editrice Vaticana
프란치스코 교황, '프란치스코의 경제 - 청년, 협정, 미래' 회의에 참가하는 이들에게
보내는 영상 메시지, 2020년 11월 21일, ⓒ Dicastero per la Comunicazione -
Libreria Editrice Vaticana
베네딕토 16세, 라틴아메리카 및 카리브해 주교회의 제5차 총회 개회식 연설,
2007년 5월 3일, ⓒ Dicastero per la Comunicazione - Libreria Editrice Vaticana

XII. 베네딕토 16세의 사임

베네딕토 16세, 로마에 있는 공경하올 추기경들에게 보내는 교황 베네딕토 16세의
고별사, 2013년 2월 28일, ⓒ Dicastero per la Comunicazione - Libreria Editrice
Vaticana

XIII. 코로나19 팬데믹

프란치스코 교황, 전염병이 창궐한 시기에 바치는 특별 기도의 순간, 2020년 3월
27일, ⓒ Dicastero per la Comunicazione - Libreria Editrice Vaticana

XIV. 아직 써 내려가야 할 이야기

프란치스코 교황, 시노드 후속 사도적 권고 「사랑의 기쁨(Amoris Laetitia)」, n. 251,
2016년 3월 19일, ⓒ Dicastero per la Comunicazione - Libreria Editrice Vati-
cana

지은이

프란치스코 교황 Papa Francesco

본명은 호르헤 마리오 베르골료 Jorge Mario Bergoglio로, 1936년 12월 17일 아르헨티나 부에노스아이레스에서 이탈리아계 이민자의 아들로 태어났다. 화공학을 공부했으나 사제직을 선택하여 신학교에 들어갔다. 1958년 예수회에 입회하였고, 1969년 사제 서품을 받았다. 1973년 예수회 아르헨티나 관구장으로 뽑혀 6년 동안 봉사하였고, 1986년 독일로 건너가 박사 학위 공부를 이어갔다. 귀국 후 수도회 장상들은 그를 코르도바의 고해 사제와 영성 지도자로 임명하였다. 교황 요한 바오로 2세는 1992년 그를 보좌주교로 임명했고, 1998년에는 부에노스아이레스 대주교가 되었다. 2001년 추기경에 서임되었으며, 2013년 가톨릭교회의 제266대 교황으로 선출되었다. 가난한 이들을 생각하는 의미에서 프란치스코라 명명했다. 소박함과 겸손함, 비참하고 가난한 사람들과 소수자에 대한 관심으로 교회뿐만 아니라 전 세계에서 존경받고 있다. 2014년 《포천》은 세계에서 가장 영향력 있는 리더로 프란치스코 교황을 선정했다. 2014년 8월에는 한국을 방문하여 윤지충 바오로와 동료 순교자 123위 시복식을 집전한 바 있다.

파비오 마르케세 라고나 Fabio Marchese Ragona

이탈리아 주요 민영 방송사인 메디아셋의 바티칸 전문 기자다. 매주 일요일 종합 뉴스 채널인 TgCom24에서 종교 코너인 〈스탄제 바티카네 Stanze Vaticane(바티칸 방)〉을 진행하고 있다. 요한 바오로 2세의 장례식과 베네딕토 16세의 선출을 비롯해 가톨릭교회의 큰 행사들을 취재했으며, 이후 바티칸 스캔들, 베네딕토 16세의 사임, 프란치스코 교황을 선출한 콘클라베 등을 보도했다. 2021년에는 프란치스코 교황과의 독점 인터뷰를 진행했으며, 이 인터뷰는 텔레비전을 통해 방송되어 550만 명이 시청했다.

옮긴이

염철호

천주교 부산교구 사제로 로마 교황청 성서대학에서 성서학 석사를 받고, 부산대학교에서 언어학 박사를 받았다. 현재 부산가톨릭대학교 부총장으로 재임 중이다. 저서로 『바오로 서간』 『배워봅시다 성경 언어』 『가톨릭 신학을 소개합니다』 『최고의 성지 안내자 신약 성경 2』 『이스라엘 역사와 성경』이 있고, 역서로 『최고의 성지 안내자 신약성경』, 『우리 선조들이 전해 준 이야기: 구약성경의 설화 분석 입문』 『성경 읽는 재미: 설화 분석 입문』 『신약성경 연구 방법론』 『자비 가득한 집』 『편지를 쓴 바오로』 『진리 생명 해설 성경』 『마르코가 전하는 기쁜 소식』 『마르코 복음서: 21세기 제롬 성경 주해 19』가 있다. 2024년 한국가톨릭학술상 번역상을 수상했다.

프란치스코 교황 최초 공식 자서전

나의 인생

교회인가 2025년 2월 21일 천주교 의정부교구 손희송 주교

펴낸날 초판 1쇄 발행 2025년 4월 10일

　　　초판 4쇄 발행 2025년 6월 9일

지은이 프란치스코 교황, 파비오 마르케세 라고나

옮긴이 염철호

펴낸이 이주애, 홍영완

편집장 최혜리

편집2팀 박효주, 홍은비, 송현근

편집 김하영, 강민우, 한수정, 안형욱, 김혜원, 이소연, 최서영, 이은일, 김혜민

디자인 윤소정, 김주연, 기조숙, 박정원, 박소현

홍보마케팅 백지혜, 김태윤, 김준영, 박영채

콘텐츠 양혜영, 이태은, 조유진

해외기획 정미현, 정수림

경영지원 박소현

펴낸곳 (주)윌북 **출판등록** 제2006-000017호

주소 10881 경기도 파주시 광인사길 217

홈페이지 willbookspub.com **전화** 031-955-3777 **팩스** 031-955-3778

블로그 blog.naver.com/willbooks

트위터 @onwillbooks **인스타그램** @willbooks_pub

ISBN 979-11-5581-804-6 (03230)